Führer

der

Kathedrale von Santiago

Verlagsleitung: Vicente Pastor

Gestaltung: V. Pastor und J. Alegre
Fotomechanik: Base 5
Fotozusammenstellung und Infographie: LetterMAC
Druck: Eujoa

Übersetzung aus dem Spanischen: Wiebke Schäfer
Übersetzungs Überprüfung: José M.ª Piñán San Miguel

Fotos: Norberto
 Verlagsarchiv (20, 22 und 26b)
 Pío García (51, 68, 69, 102 und 138)

© *Text:* Alejandro Barral Iglesias
 Ramón Yzquierdo Perrín

© EDILESA
 General Sanjurjo, 7 - 24001 León (España)
 Rufnummer (987) 22 10 66

I.S.B.N.: 84-8012-068-1
Rechtliche Hinterlegung: AS-44-1994
Printed in Spain

Führer
der
Kathedrale von Santiago

Alejandro Barral Iglesias
Ramón Yzquierdo Perrín

Edilesa

Inhaltsverzeichnis

Das Bauwerk
in der
Geschichte

Als in den ersten Jahren des 9. Jahrhunderts Bischof Theodomir die Reste des Apostels Jakobus entdeckte, konnte niemand erahnen, daß der Kult mit so ehrwürdigen Reliquien eine stetige Menschenflut verursachen würde, die die Worte des "Codex Calixtinus": "alle Völker werden bis zur Vollendung der Jahrhunderte auf Pilgerfahrt gehen" prophetisch werden ließ.

Retabel "Goodyear". Ansicht der Überführung des Apostels.

Die Entdeckung des Grabes:

Das Mausoleum, von seinem ursprung bis heute

DIE ALTE ÜBERLIEFERUNG, die auf die Anfänge der Christenheit zurückgeht, umfaßt die Erinnerungen an die Predigten und das Begräbnis des hl. Jakobus dem Älteren von Hispania und in seinen abendländischen Orten, in dem "Finis Terrae", gegenüber dem Meer der Briten. Diese Erinnerung wird im 7. Jahrh. von St. Adhelm, Bischof von Malmesbury in England, in einem dem Apostel gewidmeten Gedicht widergespiegelt: "Als Vorreiter des Evangeliums bekehrte der hl. Jakobus mit seinen Predigten die hispanischen Völker".

Dieselbe Überlieferung - die Orte der Predigten und seines Grabes - tritt im germanischen Spanien, vom 5. bis 7. Jahrhundert, auf, was durch die Schriften des hl. Isidoro von Sevilla belegt wird. Man betrachtet als Ort seines Begräbnisses Arca Marmárica.

Nach der mohammedanischen Invasion (711) und Zerstörung des westgotischen Königreiches von Toledo, erhält der entstehende, astur-galicische Staat die Überlieferung lebendig. Die Hymne "Oh Dei Verbum" aus der Zeit des Königs Mauregato (783-788) bejubelt den Apostel als Prediger des Evangeliums und Patron des christlichen Spaniens.

Die allgemeine Überlieferung entspricht dem lokalen compostelanischen Rahmen, was sich in der sogenannten "Carta del Papa León" (ein Schreiben des Papstes Leo) äußert. Es ist das älteste bekannte Schriftstück, das zu uns in einer Fassung des 11. Jahrh. gelangt ist, obwohl es die Daten, die es enthält, Ende des 5., Anfang des 6. Jahrh. plazieren. In dem Schreiben wird uns die Überführung über Meer der Heiligen Gebeine von Palästina nach Iria Flavia, nachdem er den Märtyrertod der Enthauptung durch König Herodes (Apostelgeschichte, 12.2) erlitten hatte, und sein Begräbnis in Arcas Marmáricas ("sub Arcis Marmáricis") in der abendländischen Siedlung zwölf Meilen von Iria, zur Kenntnis gegeben. Der Name der Siedlung wird nicht genannt. Die berührten Themen sind jedoch voll von örtlicher Färbung, die mit dem Grab in Verbindung stehen: Iria, das er wegen des Zusammenflusses zweier Flüsse, der Ulla und Sar, Bisría nennt; die Namen der Jünger Theodorus und Athanasius... Es ist eine erste Hagiographie des Lebens des hl. Jakobus, wodurch sehr frühe Erinnerungen an die spanische Kirche und Galicien aufgegriffen werden.

Zeichnungen von Vega y Verdugo (Mitte des 17. Jahrh.).

*Oben: Stirnseite
Unten: Westfassade.*

Von dem Fund der Grabstätte des hl. Jakobus dem Älteren in Arcis Marmáricis zwischen 820-830 wird in den compostelanischen Schriftstücken des 9. bis 12. Jahrhunderts berichtet. In der Ferne von Mahía (Amaea), in der primitiven Diözese von Iria Flavia haben der Eremit Pelayo und die Gemeinde der sehr alten Kirche von St. Félix von Solobio, die Pfarrkirche, die am Fuße des Waldes liegt, eine göttliche Offenbarung: im Dickicht des Waldes sehen sie eine Lichterscheinung und hören Gesänge von Engeln. Theodomir, der Bischof von Iria, betritt den Wald und findet das Mausoleum, das er ohne zu zaudern als den Grabhügel des Apostels identifiziert.

Das ist der Fund, die Entdeckung des Grabes des hl. Jakobus (span. Santiago); der Ort des Sant-Iago, der der einzige bekannte ist, an dem man eine Grabstätte verehrt. Theodomir verläßt daraufhin den Bischofssitz von Iria und verbleibt fortan in Arcis. Die Ausgrabungen unter der Kathedrale haben seine Grabplatte zum Vorschein gebracht (die man im Museum betrachten kann), die die mittelalterlichen Erzählungen bestätigt. Alfons II. der Keusche (791-842) wird von Theodomir benachrichtigt und eilt sofort, begleitet von der königlichen Familie und dem Hof von Oviedo, nach Arcis Marmáricis, wo sie sich, der hispanischen Tradition Folge leistend, unter den Schutz des hl. Jakobus begeben.

Der keusche König teilt den Fund in aller Eile Aachen mit. Der asturianische Hof war damals in die bedeutende Kulturbewegung des Hofes Karls des Großen und seiner Nachfolger, den Karolingerkönigen, integriert. Diese Kulturbewegung begründet die erste Wiedergeburt des Abendlandes, was die Grundlage für das mittelalterliche Europa bildete. In der Literatur und den ikonographischen Darstellungen von Aachen und Compostela wird Karl dem Großen eine wichtige Rolle bei der Entdeckung der apostolischen Grabstätte beigemessen. Nach der Legende kann man sich die Initiative von Aachen und den karolingischen Schriftstellern bei der Identifizierung von Arca Marmárica unter den westlichen Orten vorstellen, wo die Schriftstücke die Grabstätte des hl. Jakobus situierten.

Mit Hilfe einiger, den Entdeckern gegebenen Hinweise und den Schriftstücken von Iria, von denen schon berichtet wurde, fanden sie das schon seit dem 7. Jahrhundert verlassene Grab. Sie verstanden diese Hinweise als göttliche Offenbarung, die ehemalige Verehrung des Grabes an der Stelle der Lichterscheinung wiederherzustellen, was auch in der ersten Hälfte des 9. Jahrh. mit großer Intensität geschah, wie von Floro de Lyon bezeugt wird:" Die Gebeine dieses sehr hl. Apostels, die nach Spanien überführt und in seinem Extrem, also gegenüber dem Britischen Meer, beigesetzt wurden, empfingen dort eine sehr berühmte Verehrung jener Menschen".

INCLITVS: ADEFFONSVS: REX: LEGIONENSIVM: ET GALLECIE:

COMPOSTELA: DER HEILIGE BEGRÄBNISORT DES APOSTELS. Die Siedlung muß plötzlich aufgehört haben, zu existieren. Eine mächtige Tonschicht bedeckte den Friedhof, auf dem man niemanden wieder begraben hat, Anzeichen für seine Verlassenheit. Die archäologischen Studien des letzten Jahrhunderts haben das Schweigen über das Grab und den Apostelkult gebrochen. Die Ausgrabungen, die rund um das Grab vorgenommen wurden, haben viele wichtige historische Daten ans Tageslicht gebracht: Reste von römischen Bauwerken und den christlichen, römischen und germanischen Friedhof vom 1. bis 7. Jahrh.

Die abendländische Siedlung identifiziert sich mit dem keltischen, später römischen "Asseconia" vom Marschbericht des Antonius. Von ihr stammen noch alte Strukturen, die noch immer dem heutigen Compostela seine Form geben. Es ist die Mahía-Burgruine, eine Kreuzung von Römerstraßen.

Das Mausoleum befindet sich auf einem weiten heidnischen Friedhof (Quintana Platz), im Westen der Siedlung, an den sich bald der christliche Friedhof fügte. Es ist der Ort des hl. Jakobus, den man als Arcis Marmáricis kannte, was sich sicherlich auf den Grabhügel bezog, der mit dem Ortsnamen der Überlieferung übereinstimmt. Im 10. Jahrh. taucht ein anderer Ortsname auf: "Compostella", was man mit "Friedhof, auf dem sich das Grab des hl. Jakobus befindet" übersetzen kann. (Es wird auch als "kleine, gut zusammengesetzte Stadt" übersetzt.) Die "Villa burgense" wird im 11. Jahrh. zu einer Stadtgemeinde, wobei man dem Stadtgefüge den Namen Santiago de Compostela gab. ("Campus-Stellae", was sich auf die Lichterscheinung der Entdeckung bezieht.)

DAS APOSTOLISCHE GRAB. Ursprünglich war es ein römisches Mausoleum von Ende des 1. Jahrh. v.Chr., das mehreren anderen Bauwerken derselben Zeit, verteilt über das ganze Imperium, ähnlich war.

In den mittelalterlichen Schriftstücken kannte man es als "domúncula": das apostolische Häuschen. Es bestand oben aus einer Kapelle, der "cella memoriae", von der aus man in die überwölbte Grabkammer gelangte: die unterirdische Krypta, bekannt als "parva arquata domus". Das Mausoleum scheint von einem neuen Bau umgeben zu sein: ein passierbarer, durch eine Mauer geformter Gang aus der Mitte des 2. Jahrh. um das Grab herum. Eine besondere Erwähnung verdienen: der frühchristliche, zweite Bodenbelag von Mitte des 2. Jahrh. und der "Ara de Antealtares" (ein Altarstein, den man im Museum sehen kann). Er war der "Título" des Mausoleums mit der Inschrift:"Den Manengöttern gewidmet. Atia Moeta ließ diesen Epitaphen, als letztwillige Verfügung, für den ewigen Schlaf von Viria Moeta, seinen lieben Enkeltochter von sechzehn Jahren, anbringen und sorgte für sein eigenes Begräbnis vor". In den letzten Jahrhunderten als Altar des Grabes genutzt, ist er höchst hilfreich bei der Verknüpfung der jakobäischen Überlieferungen und Legenden.

Miniaturbild des "Tumbo A". Alfons IX., unter dessen Herrschaft die romanische Kathedrale geweiht wurde.

DIE KATHEDRALE VON SANTIAGO DE COMPO

1 - Kapelle der hl. Jungfrau auf dem Pfeiler
2 - Kapelle von Mondragón
3 - Kapelle des hl. Petrus
4 - Das Innere der Heiligen Pforte
5 - Kapelle des Erlösers
6 - Kapelle *der España* oder *Unserer Lieben Frau der Weißen*
7 - Kapelle des hl. Johannes
8 - Tür des Kreuzweges
9 - Kapelle der Frommen Fe
10 - Kapelle Unserer Lieben Frau von Prima
11 - Kapelle des *"Sancti Spiritus"*
12 - Kapelle des hl. Nikolaus
13 - Kapelle der hl. Mª von Corticela
14 - Kapelle des hl. Andreas
15 - Kapelle des hl. Antonius
16 - Grabstätte des Priors Juan Vidal
17 - Grabstätte des Bischofs von Orense
18 - Kapelle der hl. Katharina
19 - Der hl. Jakobus zu Pferd
20 - Kommunionskapelle
21 - Kapelle des Christus von Burgos
22 - Tore und Abstieg zur Krypta des Säulenhofs
23 - Vorschatzkammer
24 - Kapelle der Reliquien und Königspantheon
25 - Schatzkammer
26 - Orgeln
27 - Reliquienschrein mit Stab des hl. Jakobus
28 - Kanzeln
29 - Almosenstöcke
30 - Grabstätte von Juan Beltrán de Guevara
31 - Portal und Zugang zum Königsportal des Quintana Platzes
32 - Taufbecken
33 - Grabstätte von Martín López und Giebelfeld von Clavijo
34 - Portal des Kreuzganges
35 - Portal der Sakristei
36 - Kapelle des Morgengrauens
37 - Kapitelbibliothek
38 - Kapitelsaal

© *Edilesa*

TOR DER ÄBTE ODER
CORTICELATOR

EINGANG
ZUR KRYPTA

AZABACHERIA
FASSADE

AZABACHERIA
QUERARM

KI

BISCHOFSPALAST

SÄULE

OBRA

David

PALAST DER
GELMIREZ

RATSCHENTURM

OBRA

′ELA. Grundriß

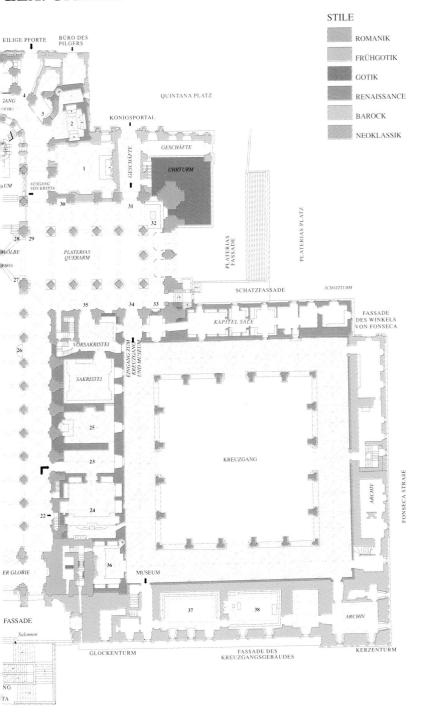

STILE

- ROMANIK
- FRÜHGOTIK
- GOTIK
- RENAISSANCE
- BAROCK
- NEOKLASSIK

EILIGE PFORTE

BÜRO DES PILGERS

GANG (OCHE)

QUINTANA PLATZ

KÖNIGSPORTAL

GESCHÄFTE

GESCHÄFTE

UHRTURM

UM

AUSGANG VON KRYPTA

30

31

32

28 29

WÖLBE (BÜRO)

27

PLATERIAS QUERARM

PLATERIAS FASSADE

PLATERIAS PLATZ

SCHATZFASSADE

SCHATZTURM

35

34

33

KAPITEL SÄLE

FASSADE DES WINKELS VON FONSECA

26

EINGANG ZUM KREUZGANG UND MUSEUM

VORSAKRISTEI

SAKRISTEI

25

23

KREUZGANG

ARCHIV

FONSECA STRAßE

22

24

36

MUSEUM

37

38

ARCHIV

ER GLORIE

FASSADE

Salomon

GLOCKENTURM

FASSADE DES KREUZGANGSGEBÄUDES

KERZENTURM

NG

TA

PLATZ

Das Äußere
der
Kathedrale

Die Kathedrale ist der Ursprung, das Fundament und das Zentrum der Stadt des hl. Jakobus. Zu ihr führen alle alten Wege und um sie herum befinden sich einige der schönsten Plätze des Barocks. Die auftreibende Macht ihrer Türme und Fialen lassen die romanische Schlichtheit ihres Inneren nicht erahnen und verkleiden den echten Umfang der Kathedrale.

Kreuz "dos Farrapos".

Das Äußere der Kathedrale von Santiago ist ebenso majestätisch wie das Innere, wozu nicht nur die architektonische Größe und der Reichtum und die Beschaffenheit ihrer Skulpturen beitragen, sondern auch die wunderschönen Plätze, die ihre Fassaden umgeben. Der barocke Städtebau verstand es, diese großzügigen Plätze zu schaffen, die die eigentlichen Werte des Bauwerks hervorheben, es ermöglichen, um den Bau herumzugehen und ihn aus immer neuer Perspektive zu betrachten.

Gemäß dem "Codex Calixtinus" hatte die Kathedrale "drei große und sieben kleine Portale". Nur die Platerías Fassade und der Eingang des Kreuzweges sind noch original aus dem Mittelalter erhalten, die anderen wurden erneuert oder sind verschwunden.

Die ersteren befinden sich an den Extremen des Querhauses und des Langhauses. Die dargestellten Themen waren alle einem bestimmten Plan unterworfen. So widmet sich die Nordfassade, auch Francígena oder des Paradieses genannt, der Schöpfung, der Sünde und dem Erlösungsversprechen. Diese wurde an dem Südtor bzw. dem Platerías Tor behandelt, das sich im Laufe der Jahrhunderte sehr verändert hat. Das letzte und dritte Tor war für die Verklärung Christi bestimmt, die aber niemals ausgeführt wurde.

PLATERIAS PLATZ

Er ist einer der bekanntesten städtischen Plätze von Santiago. Er wurde im 16. Jahrh. begonnen und bekam seine heutige Vornehmheit und Monumentalität im 18. Jahrh. Schon damals gab es dort einen Brunnen, von dem der berühmte Pferdebrunnen aus dem zweiten Viertel des 19. Jahrh. herrührt. Die Kathedrale umgibt den Platz an zwei seiner Seiten.

Platerías Fassade

Sie erhebt sich am südlichen Ende des Querhauses und ist die einzige romanische Fassade der Kathedrale. Es überraschen ihre architektonische Gliederung und die vielen Reliefe, die die Mauer wie in einem Museum schmücken, wie Focillon einmal sagte.

Ihr Bau ist keinen Veränderungen unterworfen worden, und es wurden nur die Reliefe und neue Bauwerke wie der Uhrturm und das Schatzgebäude hinzugefügt. Das doppelte Tor, flankiert von heute kaum sichtbaren Fenstern, entspricht dem Aufbau des Querhauses. Über den Archivolten befindet sich ein großflächiges, mit Reliefen und Skulpturen verschiedener Meister bedecktes Fries. Eine Kragsteinreihe mit unterschiedlicher Verzierung leitet zu den oberen Fenstern über. Ihre Pflanzenmotive sind typisch für die Werkstatt Mateos und stammen aus dem 13. Jahrh. Darüber, zwischen den Bögen, befindet sich die kleine Statue der hl. Maria, die mit dem gotischen Engel links eine Mariäverkündigung formt. Eine barocke Balustrade schließt die Fassade ab.

Bei den Pfeilern der Tore wurden verschiedene Schäfte und Materialien verwendet: Marmor des Landes bei den äußeren und Granit bei den übrigen. In die ersteren arbeiteten verschiedene Bildhauer Apostel, Heilige und Engel, die fast immer durch die

Platerías Fassade.

Baukunst und Feinheit der Ausführung gekennzeichnet sind. Die Kapitele verfügen sowohl über figürliche Themen, wie die Vertreibung aus dem Paradies auf dem ersten von links, als auch über Verflechtungen und pflanzliche Motive. In die Türrahmen wurden Figuren von Moses, dem hl. Andreas und ein Armbrustschütze in dem linken Tor und in dem rechten ein möglicher Melquisedec über einem Epigraphen von 1103 und von der Nordfassade herrührende Frauen mit Tieren eingelassen.

In den Giebelfeldern kann man Episoden aus dem Leben Christi sehen. In dem linken ragen seine Verlockungen hervor. Die Szenen wurden in unabhängigen Platten gearbeitet, die so eingefranst waren, daß man sie verzahnen konnte, weshalb Durliat auf den Gedanken kam, daß es frühere Stücke seien. Man schreibt sie dem Meister der Verlockungen zu, der wohl auch in Conques gearbeitet hat. Ganz rechts ist "ein Meisterwerk des Plateríasmeisters". Es ist eine sitzende Frau, deren Überwurf einen ihrer Brüste frei läßt und den anderen mit seinen konzentrischen Falten nachformt. Dasselbe gilt für die Beine. In ihrem Schoß liegt ein Totenkopf. Gemäß dem "Calixtinus" handelt es sich dabei um "den verwesten Kopf ihres Liebhabers, von ihrem eigenen Mann abgerissen, der sie zwingt, ihn zweimal am Tag zu küssen". Trotz dieser grausamen Worte, deutet man sie heute als Eva.

Die Verehrung der Heiligen Drei Könige auf dem rechten Giebelfeld könnte auch von dem Meister der Verlockung stammen, obwohl man es wegen ihres schlechten Zustands nicht sicher sagen kann. Unter ihr sieht man Episoden der Passion Christi: die Festnahme, die Kreuzigung, die Geißelung und Krönung, und ganz links die Heilung des Blinden. Die Mitwirkung verschiedener Bildhauer wird durch die Unterschiede zwischen den Reliefen deutlich. Das von

dem Judasverrat, zum Beispiel, erinnert an einen der Meister, die in Leon aktiv waren und von dem noch andere Stücke in Santiago sind, die leicht durch die Ausdruckskraft der Gesichter und Ausarbeitung der faltenreichen Gewandung wiedererkannt werden können.

Die thematische Vielfalt der Giebelfelder, die Ausschnitte und die ungewöhnliche Anordnung einiger Stücke lassen annehmen, daß sie auf eine Ausbesserung nach dem Brand der Kathedrale 1117 zurückzuführen sind, der besonders dieses Portal betroffen haben muß. Nach Naesgaard gehört es zu einem zweiten Bauprogramm. Von dem Obersims herab bewachen einige "wilde Löwen" die Tore.

Von dem Fries ist gesagt worden, daß es sich einem Durcheinander ähnele. Dieser Eindruck wird durch die Veränderungen und Ergänzungen hervorgerufen. Gemäß dem "Calixtinus" hatte man dort ursprünglich ein Apostelkonvent mit dem hervorragenden Christus angebracht, der von dem hl. Petrus und dem hl. Jakobus flankiert wurde. Von ihm bleiben nur noch ganz links vier übel zugerichtete Figuren und rechts fünf. Der Brand von 1117 erzwang eine sofortige Ausbesserung mit in Marmor gearbeiteten Stücken für die westliche Tür. Sie stellen Moses und Abraham dar und befinden sich unter dem prächtigen segnenden Christus, einem authentischen "Beau Dieu", der die Mitte der Fassade ziert und etwa aus dem Jahre 1200 stammt. Rechts von ihm steht der hl. Jakobus zwischen Bäumen. Seine Epigraphen, so wie die von Abraham, fügen ihn in eine Transfiguration, welche das für die westliche Giebelwand auserwählte Thema ist.

Andere Reliefe stammen von der 1758 zerstörten Tür des Paradieses oder von Francígena. Der Pantokrator am linken Strebepfeiler war zum Beispiel der, der

früher in ihrem Fries hervortrat. Ihn umgab ein Tetramorphus, von dem sich das Symbol des hl. Matthäus jetzt in dem Platerías Fries befindet, und zwar neben einer Vertreibung aus dem Paradies. Der pfeilschießende Zentaur ein bißchen weiter rechts hat selbigen Ursprung und gehört wohl zu einer Darstellung der Monate, mit der vielleicht auch die Meerjungfrau mit dem Fisch, die weiter vorn ist, in Verbindung gebracht werden kann.

Obwohl in dem "Calixtinus" nicht erwähnt, gehörte wohl auch die Szene am linken Strebepfeiler, die als die Schöpfung Adams gedeutet wird, zu der Fassade des Paradieses. Darunter befindet sich die prächtige Figur des David, Präfiguration des triumphierenden Christus und einzigartiges Werk des Platerías Meisters. Gegenüber befindet sich die Tadelung Evas und weiter unten die Opferung Isaaks mit den stehenden Personen. Ihre Fertigung verdankt man den Meistern der sogenannten Platerías Werkstatt.

Platerias Platz. Im Hintergrund das Haus des Domkapitels (Sarela, 1759).

Der Uhrturm

An die Platerías Fassade angebaut befindet sich ein beeindruckender würfelartiger Bau, von dem einige Bögen ausgehen. Er wurde Anfang des 14. Jahrh. als Verteidigungsturm und die Bögen im 15. Jahrh. gebaut. In diese Zeit gehören auch die Figuren, die in den oberen Teil der Ost- und Nordseite des würfelartigen Baus eingefügt wurden und die man teilweise vom Quintana Platz aus sehen kann.

Auf diesem Unterbau errichtete Domingo de Andrade den Uhrturm. In den ersten Körper, viereckig und mit schönen Tempelchen an den Ecken, fügte er die Zifferblätter ein und hängte die Glocke für die Stunden auf. Er verwendete als Verzierung seine charakteristischen Fruchtketten und Militärtrophäen. Der zweite Körper ist achteckig und beherbergt die Glocke für die Viertelstunden. Er wiederholt die Tempelchen und die Verzierung. In den Ovalen, die es über den Bögen gibt, prangt die Jahreszahl 1680. Zuletzt leitet eine Balustrade zu der kleinen Kuppel des Turmes über, die mit reicher jakobäischer Ausschmückung und einer schmucken Laterne als Abschluß versehen ist. Die Anordnung harmonischer Proportionen und Verzierungen machen aus diesem Turm ein Meisterwerk des Barocks und eines der Wahrzeichen der Kathedrale von Santiago. Andrade ließ sich von Renaissance Vorbildern inspirieren und verstand es, ihnen neues Leben zu geben.

Die Uhr, die während vieler Jahre das compostelanische Leben bestimmt hat, wurde 1831 von Andrés Antelo, in Auftrag des Erzbischofs Bruder Rafael de Vélez, der ihm 90.000 Reales dafür bezahlte, konstruiert. Die Glocken wurden 1729 von Pedro de Güemes in Santiago gemacht. Sie wurden bis vor einigen Jahren benutzt. Als sie jedoch Risse bekamen, wurden in Asten (Holland) am 21. Dezember 1989 Repliken gegossen, die im Februar 1990 in dem Turm aufgehängt wurden. Die alten Glocken befinden sich im Kreuzgang der Kathedrale.

Die Schatzfassade

Auf der anderen Seite der Platerías Portale erhebt sich die Schatzfassade, die den Kreuzgang nach Osten hin abschließt und die den im 18. Jahrh. umgestalteten Platz in großem Maße bestimmt hat. Sie ist ein Werk von Rodrigo Gil de Hontañón, das 1540 geplant und drei Jahre später bewilligt wurde. Sie hat das Aussehen eines Palastes und hat sich an dem von Monterrey de Salamanca inspiriert. Das Erdgeschoß, das von Geschäften für Silberschmuck genutzt wird, die dem Platz seinen Namen und Charakter geben, wird als Unterbau für die anderen beiden Körper verstanden. Die mit Giebeln gekrönten Fenster des ersten Stockwerks

haben Gitter aus dem letzten Drittel des 16. Jahrh.; das obere Stockwerk ist als "Sonnenzimmer" gedacht. Zwischen den Bögen der Fenster ordnen sich Wappen der Stadt, des Domkapitels und Karls I. und Medaillons, die biblische und historische Persönlichkeiten darstellen und ein umfangreiches Programm entwickeln, an. Ein durchbrochenes Schnörkelwerk mit Schnecken und Spiralenspitzen schließt die Fassade ab.

Der Schatzturm

Am südlichen Ende der Fassade erbaute Rodrigo Gil einen ebenfalls palastähnli-

Links: *Zwei Ansichten des Uhrturms.*

Schatzfassade. Östlicher Abschluß des Kreuzgangs. Im Vordergrund der Pferdebrunnen.

chen Turm, in dessen Unterbau 1915 von Benlliure eine dem Kardinal Martín de Herrera gewidmete Gedenktafel aus Bronze eingefügt wurde. Das Auffälligste an dem Schatzturm ist die stufige Pyramide mit geometrischen Verzierungen. So einen Abschluß hat man mit der vorhispanischen Kunst Mexikos und besonders mit der Pyramide von El Tajín in Verbindung gebracht; andere meinen jedoch, daß er sich an einem italienischen Architekturlehrbuch inspiriert. In dem südöstlichen Winkel des Kreuzganges erbaute Jácome Fernández im 17. Jahrh. den Kerzenturm, dem als Vorlage der Schatzturm diente.

Die Schatzmuschel

Der Zugang zu dem Schatzteil von dem Querhaus der Kathedrale aus wurde 1705 unter der Leitung von Simón Rodríguez

realisiert. Er imitierte die Renaissance Fassade. Eine muschelförmige und mit dem Jakobskreuz geschmückte Auskragung dient der Treppe als Träger. Solche Motive erinnern an die Trompen der Kapelle der hl. Jungfrau auf dem Pfeiler, die von Andrade entworfen wurden.

Die Fassade des Winkels von Fonseca

Als man ein Gebäude an den südlichen Gang des Kreuzganges anbaute, formte sich zwischen diesem und dem Schatzturm der Winkel von Fonseca, in dem Fernando de Casas 1720 eine schmale Fassade, deren Breite ein Fünftel seiner Höhe ist, erhob. Er ordnete mit Geschick die Nischen und das Mauerwerk an.

DIE STIRNSEITE DER KATHEDRALE

Die Stirnseite der Kathedrale bildete sich früher aus Kapellen und Toren, die eine unregelmäßige Fassade bewirkten, deren Asymmetrie die schlichte und gerade Mauer des Antealtares Klosters hervorhob. Dieser Anblick ließ den Domherrn Vega y Verdugo die Notwendigkeit sehen, die Kathedrale mit einem monumentalen Ausklang zu versehen, was mit der Freitreppe zwischen den beiden Gebäuden und der Einebnung des Geländes den Quintana Platz, der nach Professor Bonet "eines der schönsten barocken Gefüge" ist, profilierte. Dieses ehrgeizige Projekt wurde bis zum 18. Jahrh. nicht fertiggestellt. Sein Ergebnis ist der beeindruckende Anblick, den die Kathedrale von dieser Seite bietet, in der sich drei Tore öffnen: das Königsportal, die Heilige Pforte und das Tor der Äbte.

Das Königsportal

Das Königsportal gehört zu dem Projekt von Vega y Verdugo. Obwohl man

Links: Schatzturm und Fassade des Winkels von Fonseca.

Blick auf die Stirnseite der Kathedrale mit Heiligen Pforte

Teile eines früheren Tores ausnutzte, kann man es doch als Werk von Domingo de Andrade betrachten, was die Verzierung mit Fruchtketten und Militärtrophäen beweist. Der Sockel, der das Portal krönte, trug eine Statue des hl. Jakobus zu Pferd, und in ihm wird das Jahr 1700 angegeben. In dem Durchgang zum Querhaus der Kathedrale, die er dort betritt, wo sich früher die Kapelle des hl. Johannes des Täufers erhob, fallen die Gewölbe auf, von deren Bögen Leinwände mit großen Jakobskreuzen hängen.

Am Fuße des Uhrturms und neben dem Königsportal liegt die Fassade der früheren Wache. Ihre gewaltigen Säulen und Wandpfeiler erheben sich auf einer hohen Basis, und zwischen ihnen öffnen sich Fenster mit Wappen des Domkapitels und der Erzbischöfe Carrillo und Monroy. Die oberen Fenster schließen mit Voluten ab.

Auf der anderen Seite, in der Fassade der Kapelle der hl. Jungfrau auf dem Pfeiler, befinden sich ähnliche Fenster.

Das Büro des Pilgers

Eine einfache Tür führt zu dem Büro des Pilgers, in dessen Raum sich früher eine Kapelle für die Kommunion der Pilger befand und wo sie heute die "Compostela" erhalten. Das ist die Urkunde, die sie als Pilger ausweisen, wenn sie den Weg zu Fuß, mit dem Fahrrad oder zu Pferd und aus religiöser Motivierung zurückgelegt haben. Diese Urkunde gewährt ihnen, wie schon in vergangenen Zeiten, bestimmte Rechte.

Links: *Königsportal.*

Büro des Pilgers.

Die Heilige Pforte

Die Heilige Pforte wurde zu Beginn des 17. Jahrh. gebaut. Damals errichtete man ein Portal, das man ein paar Jahre später erweiterte und mit weiteren Figuren des zerstörten Chores von Meister Mateo und seiner Werkstatt ausstattete. Die Figuren stellen Persönlichkeiten aus dem Alten Testament und Apostel dar. An dem Abschluß der Fassade intervenierte auch Andrade. Die kleinen Statuen des hl. Jakobus und seiner zwei Jünger haben wir Pedro del Campo zu verdanken, der sie 1694 fertigstellte. Dieses Tor bleibt normalerweise immer verschlossen. Nur in den Jahren, in denen der Festtag des hl. Jakobus am 25. Juli auf einen Sonntag fällt, wird es geöffnet. Diese Jahre sind die Heiligen Compostelanischen Jahre. An den Seiten des Durchganges bis zur Tür zum Chorumgang der Kathedrale befinden sich die Abschlüsse der romanischen Kapellen des Erlösers, rechts, und des hl. Petrus, links in der schlichten Mauer.

Heilige Pforte.

Oben: Allgemeinansicht.

Rechts: Einige der Figuren vom steinernen Chor.

Nächste Doppelseite: Zwei Propheten an der Heiligen Pforte: Daniel (links) und Jesaia (rechts).

Tor der Äbte oder der Corticela

Oben von der Quintana Treppe liegt das Tor der Äbte oder Corticela, das 1662 erbaut wurde und über dem das Wappen des Erzbischofs Carrillo hervortritt. Der Rest des Tores ist schmucklos, ja beinahe klassizistisch, was durch die Bossagen, Flügelverzierungen und Kugeln über ihm noch betont wird.

Diese von Peña de Toro gearbeitete Mauer schließt mit einer Balustrade mit anmutigen kugelbesetzten Fialen ab, die einen stark klassizistischen Anklang haben. Sie wiederholen sich auf den Mauern des Chorumganges und des Altarraumes, was ihm sein einzigartiges Gepräge verleiht. Diese Barockisierung berührte 1669 auch den Abschluß des gotischen Kuppelgewölbes. Man folgte wiederum dem Projekt von Vega y Verdugo, wieder-

holte die Balustrade mit Fialen und baute eine schlichte Kuppel, die die gotische Kuppel überdeckt und respektiert. Die Laterne wurde gegen 1700 von Andrade umgestaltet.

In dem nordöstlichen Winkel fällt die Abfolge und Schlichtheit der architektonischen Bauteile der Corticela Fassade auf. Heute hängen die Wetterdächer sehr niedrig, da die Straße und umliegenden Plätzchen angehoben wurden. Daneben befindet sich die Tür zu der Kapelle des hl. Andreas, die mit einem großen Wappen des Erzbischofs Girón versehen ist, mit dem 1673 Miguel de Erbay beauftragt wurde.

Tor der Äbte oder der Corticela.

Rechts: *Azabacheria Fassade.*

DIE AZABACHERIA FASSADE

Die Azabachería Fassade ersetzte das ehemalige Nord-, Francígena- oder Tor des Paradieses, das der "Calixtinus" beschreibt und das 1758 wegen seines Verfalls abberissen wurde.

Der Platz ist Frucht der Eintracht, die Ende des 17. Jahrh. zwischen dem Domkapitel und den Mönchen von San Martín Pinario erreicht wurde, "für die Geräumigkeit und Pracht der Eingänge ... der Heiligen Kathedrale und Kloster". Seine Fassaden wurden im 18. Jahrh. erbaut und die des anliegenden Bischofspalastes Mitte des 19. Jahrh. Gegenüber befinden sich die unterirdischen Wechselstuben, die Nachfolger der mittelalterlichen Lokale der Wechsler sind.

Die Azabachería Fassade wurde von Lucas Caaveiro entworfen. Clemente Sarela half ihm bei dem Bau. Der Übergang von Barock zu Neoklassizismus im Jahre 1765 und der Vorschlag Ventura Rodríguez', seine Fertigstellung der Kgl. Akademie zu unterstellen, bewirkte, daß einer seiner Schüler, Domingo Lois Monteagudo, das Werk 1769 beendete.

Die Tore befolgen Formeln des compostelanischen Barocks des 18. Jahrh. Für die Abschlüsse der seitlichen Fenster versuchte man jedoch, eine Kompromißlösung zu finden, die es erlaubte, den Fenstern des oberen Körpers ein neoklassizistisches Aussehen zu verleihen. In der Mitte erhebt sich die kleine Statue des Glaubens, für die 1764 Gambino bezahlt wurde und an der noch Einflüsse des Rokoko zu sehen sind.

Die Fassade schließt an den Seiten mit kleinen Giebeln und Militärtrophäen ab. In der Mitte hat sie eine von kleinen Atlanten gehaltene Attika, auf deren Giebel der hl. Jakobus als Pilger steht. Er wird von den knienden Figuren Alfons' III. und Ordoños II. flankiert. Diese Figuren und die Medaillons der mittleren Fenster kann man Máximo Salazar verdanken, der zwischen 1766 und 1768 in Santiago aktiv war.

Über den überdachten Durchgang des Palastes der Gelmírez von der Mitte des 13. Jahrh. gelangt man zu dem prächtigsten aller compostelanischen Plätze und zu einem der schönsten von Spanien: dem Obradoiro Platz, der sich seit dem Barock in den Hauptschauplatz der städtischen Festlichkeiten entwickelt hat.

Die Obradoiro Fassade

Von dem Platz aus erreicht man die Kathedrale über eine mächtige Renaissance-Treppe, die in den ersten Jahren des 17. Jahrh. von Ginés Martínez entworfen wurde. Für Vega y Verdugo ist sie "so selten in ihrer Aufteilung und Bauart, daß es niemanden gibt, der ihre Schönheit nicht bewundert". Sie führt zu der Loggia, die sich wie ein herrlicher Balkon vor der Obradoiro Fassade entlangstreckt. Antonio García wurde 1791 mit dem Geländergitter beauftragt und hat sie wahrscheinlich nach Entwürfen von Lucas Ferro Caaveiro gearbeitet, der sich nach dem Tod Fernando de Casas' 1749 mit dem Obradoiro Platz befaßte.

Der Säulenhof der Glorie hatte eine Fassade, die man dank der Schriftstücke, den Zeichnungen von Vega y Verdugo und den Überresten kennt. Die mittelalterliche Wand wurde ab den ersten Jahren des 16. Jahrh. bis Mitte des 18. Jahrh. erneuert. Von damals stammen auch die Figuren von David und Salomo von der Brüstung der Loggia. Ihre Rückseiten mußten neu gemeißelt und der Kopf Salomons noch einmal gefertigt werden.

Die genaue Kenntnis der Struktur der

mittelalterlichen Fassade erlaubte es Casas, sie ab 1738 abzureißen, ohne die Wölbungen und die Konstruktion des herrlichen Spiegels und der Tore zu beeinträchtigen. Er ersann den Mittelteil der Fassade wie ein spektakuläres jakobäisches Retabel, dem der hl. Jakobus als Pilger, von hispanischen Monarchen verehrt, aus seiner Nische oben vorstand. Darunter sieht man den wunderbaren Fund der Urne mit seinen Gebeinen, der von seinen Jüngern Athanasius und Theodorus flankiert wird. In den Bögen der Türme befinden sich die Statuen von Zebedäus und der hl. Salome, den Eltern des hl. Jakobus. Auf ihren Stützen stehen die Verkörperungen der hl. Susanna und des hl. Johannes auf dem nördlichen und die des hl. Jakobus Alfäus und der hl. Barbara auf dem südlichen Turm. Sie wurden gegen 1746-1748 von compostelanischen Bildhauern wie Gregorio Fernández, José Gambino, Antonio López, Francisco Lens und Antonio Nogueira gearbeitet. Die Schäfte der Pfeiler wurden sehr ausführlich bearbeitet, und an den Toren gibt es, zusätzlich zu dem Königswappen, dem des Erzbischofs und des Domherrn, jakobäische Embleme und andere schmückende Motive im Überfluß.

Die Bronzefiguren, die die Scharniere der Tore schmücken, wurden 1609 und 1610 in Cordoba von Esteban de Villanueva gemacht. Nicolás und Manuel Vidal gossen 1772 die Ziernägel, mit denen die Türflügel beschlagen sind.

Der Glockenturm

Der Urheber der Obradoiro Treppe, Ginés Martínez, erhob auch eine Stützmauer für den Glockenturm, die spätere Ausbesserungsarbeiten benötigte, was seine Umgestaltung Mitte des 17. Jahrh.

Obradoiro Fassade.

Vorherige Doppelseite: *Die Kathedrale bei Nacht, von der "Herradura" aus.*

auf Wunsch Vega y Verdugos durch Peña de Toro ermöglichte. An den letzten Körper des mittelalterlichen Turmes fügte er Wandpfeiler und erhob über ihm einen neuen Körper für die Glocken, wobei er in eines seiner Wappen die Jahreszahl 1668 prägt. Dieser Abschnitt wird 1671 mit der Anbringung des Kreuzes und der Wetterfahne beendet.

Ab 1720 weiß man von weiteren Bauarbeiten, die sich auf einen neuen Abschluß beziehen. Auf Grund der Langsamkeit und eines Blitzeinschlags im Jahre 1729 dauern sie bis 1732. Der Urheber der letzten beiden Körper ist wohl schon Fernando de Casas, der eine reichliche und voluminöse Ausschmückung verwendet, die man leicht von dem Platz und seiner Umgebung aus sehen kann.

Der Ratschenturm

Als 1738 entschieden wird, den Obradoiro Spiegel fertigen zu lassen, beschließt man ebenfalls, den Ratschenturm als Paar zu dem Glockenturm zu erbauen, dessen Aussehen er kopiert und der die Fassade der Kathedrale komplettiert. Sein Name kommt von der Ratsche, die während der Karwoche benutzt wurde und die er beherbergte. Von ihr gibt es noch immer Überreste. Der Turm wurde 1749 erbaut und 1751 fertiggestellt.

Auf diese prächtige Wand kann man das, was Vega y Verdugo über die ihr vorangehende mittelalterliche Fassade sagte, beziehen: "sie ist eine der besten, die Spanien hat". Sie wurde auch von zeitgenössischen Poeten, wie Gerardo Diego, gerühmt:

Auch der Stein fliegt, wenn es Sterne gibt.
Über der kristallinen und kalten Nacht
wachst, lyrische Zwillinge der Verwegenheit;
wachst, stößt höher hinauf, Türme von Compostela.

Der Preis für ein solches Wunderwerk überschritt nach López Ferreiro "kaum 40.000 Duros".

Die Krypta des Säulenhofs der Glorie

Der Höhenunterschied zwischen der Kathedrale und dem Obradoiro Platz, der den Bau der gewaltigen Treppe notwendig machte, betrug soviel, daß man eine Krypta erbauen konnte, die oft "Altkathedrale" genannt wird. Man gelangt durch eine sich im Mittelteil befindende Tür in ihr Inneres. Einige dachten, daß die Anfangsbauten dieser Krypta schon vor Meister Mateo begonnen wurden, doch heute zweifelt man weder an ihrem mateinischen Ursprung noch an dem burgundischen Einfluß. Ihr Hauptzweck besteht darin, dem Säulenhof der Glorie als Stütze zu dienen.

Gegenüber dem Eingang befindet sich eingefügt die gotische schlanke Figur des hl. Jakobus Alfäus. Hinter einem einfachen Säulengang, der an den Seiten durch den Bau der Obradoiro Treppe zerstört wurde, öffnet sich das doppelte Eingangstor, das mit bemerkenswertem ornamentalem Reichtum virtuoser Gestaltung verziert ist.

Durch dieses hindurch kommt man zu einer Art Querschiff mit neuartigen Kreuzrippengewölben, auf deren zentralen Schlußsteinen je ein Engel auftaucht; einer mit einer Sonnenscheibe und der andere mit einem zunehmenden Mond. Sie wurden von verschiedenen Meistern gearbeitet, wie ihre Besonderheiten enthüllen. Für Professor Moralejo vervollständigen diese Engel die Botschaft des Säulenhofs der Glorie, da sie diesen Teil als die Erde anzeigen, die die Himmelskörper zur

---

Oben: Salomo und David auf der Obradoiro Treppe.

Unten: Schlußsteine mit Engeln, die die Sonne und den Mond tragen. Krypta des Säulenhofs der Glorie.

Beleuchtung braucht, während oben das Neue Jerusalem der Apokalypse, "es gab keine Notwendigkeit der Sonne oder des Mondes ... weil die Herrlichkeit Gottes sie erleuchtete", dargestellt wird. An den Enden gibt es zwei schlichte Türen, durch die man zu den Schiffen der Kathedrale hinaufsteigen konnte, von denen heute nur noch die nördliche gangbar ist. Für einige Autoren war dies der einzige Zugang, den eš zwischen der Krypta und Basilika bis Anfang des 17. Jahrh. gab.

Ein mächtiger Zentralpfeiler mit acht Säulen stützt die Gewölbebögen des Chorumgangs, der sich um ihn herum bildet und die Rippen der Kreuzgewölbe. In der Achse dieses eigentümlichen Chorumgangs liegt eine rechteckige Kapelle, in deren Stirnseite schlanke Säulen einige mitralische Bögen tragen, die den Rundbogen flankieren. Diese Gliederung findet man auch in anderen Teilen der Kathedrale. An beiden Seiten folgen zwei Nischen: die erste halbkreisförmig und die andere rechteckig.

Drei dieser Nischen dienen als Rahmen für Skulpturfragmente. Einige denken, daß sie von dem westlichen Säulengang stammen, den der "Calixtinus" beschreibt und andere, daß sie von der hypothetischen Fassade derselbigen Krypta kommen. Auffällig sind ihre mit einer Technik mit feuchten Tüchern gemeißelten Falten, die andere Stücke, wie der Schlußstein des einen zunehmenden Mond haltenden Engels, wiederholen. Sie könnten zu der Krypta gehört haben, obwohl ihr Urheber anderen Richtlinien als denen des Meisters Mateo folgt, auch wenn sie von 1170-1175 und somit zeitgenössisch sind.

Die Kapitelle beweisen eine bemerkenswerte Vielfalt an Typologie und in der Behandlung. Die Mehrzahl folgt burgundi-

schen Modellen, doch einige sind auch mateanisch. Das Wirken dieser Werkstatt unterscheidet sich von der von Mateo und muß nur vorübergehend aktiv gewesen sein.

Das Kreuzganggebäude und der Kerzenturm

Rechts von der Obradoiro Fassade erhebt sich die Fassade des Kreuzganggebäudes. Sie wurde von Juan de Herrera -Namensvetter des Urhebers von "El Escorial", aber ohne Verbindung mit ihm- und Gaspar de Arce im letzten Viertel des 16. Jahrh. entworfen. 1614 fügte Jácome Fernández die obere Galerie hinzu, bei deren Kragsteinen er die Perspektive vom Platz und den Straßen berücksichtigt. Die Säulen mit Sockeln, die die Oberschwellen stützen, erinnern an

Lösungen des 16. Jahrh., ebenso wie der Kerzenturm, der im 17. Jahrh. von Jácome Fernández erbaut wurde und sich am Schatzturm inspirierte. Lucas Caaveiro führte nach dem Brand von 1751 in den inneren Räumen die Wiederaufbauarbeiten durch, was die barocken Verzierungen der Balkonfenster erklärt. Die eisernen Balustraden des Balkons wurden in den ersten Jahren des 17. Jahrh. von Pedro del Canto gefertigt und dienten den Fenstergittern als Vorbild, denen noch Leistendekorationen hinzugefügt wurden.

Links: Krypta des Säulenhofs der Glorie.

Teilansicht der westlichen Fassade des Kreuzgangs und Kerzenturm.

Das Innere
der
Kathedrale

«In dieser Kirche gibt es keinen Riß noch Mangel, sie ist hervorragend gebaut, groß, geräumig, hell, harmonisch, gut proportioniert in der Breite, Länge und Höhe und von bewundernswerter und unbeschreibbarer Fertigung. Wer die Schiffe des Triforiums oben durchschreitet, wird, obwohl vorher traurig, glücklich und froh bei dem Anblick der prunkvollen Schönheit des Gotteshauses werden».

("Codex Calixtinus", Buch V, Kap. IX)

Allgemeinansicht des Langhauses.

DAS MAUSOLEUM, HEUTE

Das geschichtliche Schicksal des Mausoleums während zweitausend Jahre ist der Grund für wichtige Änderungen an dem Grab des hl. Jakobus.

Über zwei seitliche Türen des Chorumgangs steigt man in den Unterbau des Altarraums hinab. Der augenblickliche Zustand des Mausoleums ist den Ausgrabungen des Historikers und Archäologen Antonio López Ferreiro in den Jahren 1878-1879 zu verdanken. Was von ihm noch übrig ist, ist die Basis und die drei ersten Lagen der Grabkapelle. Sie wurde Ende des 19. Jahrh. in ein Bethaus mit einer feinen Bauart umgewandelt, wobei wichtige römische Gefüge zu Tage traten.

Im Zentrum liegt die von zwei seitlichen Vertiefungen flankierte Grabkapelle. Durch ihre Gitter hindurch kann man das Mausoleum aus der republikanischen Epoche und die Mauer mit Gang aus der Mitte des 2. Jahrh. betrachten. Beide Bauwerke sind mit dem klassischen diatonischen Verband versehen.

Die mittlere Tür erlaubt uns, eine erste Kammer zu sehen. An den Seiten befinden sich die Gräber aus römischem Backstein. Ihre Vorderseiten sind von kleinen Fenstern durchlöchert: es sind die Kultfenster der Jünger und Märtyrer, Theodorus und Athanasius.

Eine Zwischenmauer trennt sie von der zweiten Kammer: dem Grab der Heiligen Gebeine. In seiner augenblicklichen Anordnung, mit drei Bögen über Pfeilern, die die Gewölbe stützen, beherbergt sie einen Altar mit Vorderblatt aus Marmor und frühchristlichem Anhauch, auf dem die silberne Truhe steht, die, gemäß den Zeichnungen von José Losada ein Werk aus dem Jahre 1886 von Rey und Martínez ist. An dem kleinen Retabel von Gelmírez inspiriert, wird auf ihr die Apostelgruppe unter einem Säulengang, eine Majestas Christi begleitend, die eine Imitation der steinernen von 1100 ist (im Museum), dargestellt. In ihrem Inneren, in einer gefächerten Kiste aus Zeder, werden die Heiligen Gebeine des "Sant-Iago" (der hl. Jakobus) und die Gebeine seiner beiden Jünger bewahrt. Über der Urne hängt der symbolische Stern, der das Grab anzeigt.

Dieses ist der "Locus Sancti Jacobi", Ziel der tausendjährigen Pilgerfahrten und Daseinsberechtigung der Basilika und compostelanischen Stadt. Mit dem Kommen und Gehen der Pilger zu dem Grab hat sich Europa geformt. Noch heute übt es eine faszinierende Anziehungskraft aus. Der "Codex Calixtinus" erzählt, daß die Pilger um das Grab herum saßen und die Nacht in Wache verbrachten, wobei sie Kerzen in ihren Händen hielten, so daß die Nacht so hell wie der Tag war und Hymnen wie den "Gesang von Ultreya" anstimmten.

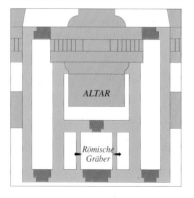

ALTAR

Römische Gräber

Krypta des Apostels.

Oben: *Gang mit den seitlichen Gräbern.*

Unten: *Urne.*

VORROMANISCHE KONSTRUKTIONEN

Nachdem die Grabstätte des Apostels Jakobus von dem Bischof von Iria, Theodomir, an einem nicht genau bekannten Datum Anfang des 9. Jahrh. entdeckt worden war, ließ König Alfons II. eine Kirche erbauen, die das römische Mausoleum berücksichtigen und die Verehrung der Reliquien erlauben sollte. Er stiftete dafür ein Gebiet und gründete das Antealtares Kloster.

Als Erstes wurde das durch die Vegetation und Vernachlässigung stark angegriffene Mausoleum selbst wiederhergerichtet. Die von Alfons II. erbaute Kirche war, nach der Weihakte der Basilika unter Alfons III., klein und aus Stein und Lehm. Sie erhob sich auf einem Teil einer nach Westen ausgerichteten Nekropolis, wie sich ab 1946 bei Ausgrabungsarbeiten der Kathedralenschiffe herausstellte.

Die ältesten Gräber gehen auf die hispanisch-römische Epoche zurück; andere sind aus dem 6. Jahrh. und einige haben Stolenplatten. Die jüngsten stammen aus dem 11. Jahrh. Man entdeckte außerdem am Fuße des Hauptschiffes den Unterbau eines Festungsturmes und der nah liegenden Festung, die Bischof Sisnando um 900 erheben ließ und die von seinem Nachfolger Cresconio Mitte des 11. Jahrh. vervollständigt wurde.

Die Kirche von Alfons II., einschiffig und mit Holzdach, in deren Kopfteil die römische Grabstätte untergebracht war, kennt man nur teilweise, da über ihr zu Zeiten Königs Alfons III. eine große Basilika erbaut wurde, die 899 in Anwesenheit des Monarchen, seiner Familie, Adliger, Bischöfen und anderer Persönlichkeiten geweiht wurde.

Diese zweite Kirche war auf prächtige Weise mit Marmor, den sie von einer kurz vorher eroberten Stadt brachten, ausgeschmückt, was ihr den Wert eines Juwelen, dem Schutzapostel der Hispanier dargebracht, verlieh. Das Gebäude hatte einige ungewöhnliche Proportionen und eigene architektonische Lösungen. Teilweise, weil die Berücksichtigung der apostolischen Grabkapelle die Breite des Mittelschiffes bedingte, das beinahe so breit wie das der romanischen Kathedrale und doppelt so breit wie die Seitenschiffe war. Von diesen trennten sie Pfeiler, auf denen Bögen ruhten. Auf sie und die Außenmauern stützte sich das Dachgebälk, was die Strebepfeiler unnötig machte. Vor dem Westtor gab es einen Säulengang und im Norden befand sich die angebaute Taufkapelle von Johannes dem Täufer.

Größere Probleme bereitete die Lokalisierung der drei Altäre, die, zusätzlich zu dem des hl. Jakobus, in der Weihakte erwähnt werden, da man keine Spur von ihnen finden konnte. Einige plazieren sie in der unmittelbaren Kirche des Antealtares Klosters, in der man die Widmungen dem Erlöser, dem hl. Petrus und dem Evangelisten Johannes wiederholte.

Der Bodenbelag war ein rötlicher Beton aus Kalkmörtel, durchsetzt mit kleinen Stein- und Quarzstückchen. Ein Teil davon verbleibt an Ort und Stelle, und einige Fragmente befinden sich im Museum der Kathedrale. Dort kann man auch andere, von der Basilika stammende Stücke, bewundern.

Die Bedeutung, die der Jakobuskult angenommen hatte, brachte Al-Mansur dazu, im Sommer 997 einen verheerenden

Raubzug durchzuführen, während dem er Kirchen, Klöster und Paläste brandschatzte, wie die "Chronik Silensis" auf ausdrucksvolle Weise berichtet.

Der Wiederaufbau des Heiligtums durch den hl. Pedro de Mezonzo, damals Bischof von Compostela, und König Bermudo II. erfolgte sofort. Jene Kirche

nahm die Pilger bis zu ihrem Abriß 1112 auf, bis die Erbauung der romanischen Kathedrale erfolgte.

Oben: Grabplatte von Theodomir († 20. Oktober 847).

Unten: Mauerreste aus dem 9. Jahrh. und Gräber der Nekropolis unter dem Langhaus.

DIE ROMANISCHE KATHEDRALE

Die Zunahme der Pilgerfahrten nach Compostela und die Verehrungsriten der Reliquien lassen Bischof Diego Peláez, mit der Schirmherrschaft Königs Alfons VI., 1075 mit dem Bau der romanischen Kathedrale beginnen.

Das architektonische Schema dieser Reliquienkirche gehört unter die Bezeichnung: "Pilgerkirche". Sie hat den sinnbildlichen Grundriß eines lateinischen Kreuzes und einen geräumigen Chorumgang rund um den Altarraum, der den Kreislauf der Pilger erlaubt, die in seinen Kapellen Gottesdienste feiern können. Die Emporen befinden sich über den Seitenschiffen. Sie sind durch die Arkaden des Triforiums zu dem Hauptschiff hin geöffnet und dienen sogar als Zufluchtsort. Diese Bauart wurde auch in anderen Kirchen verwendet, die längs dem Weg, der von Frankreich nach Compostela führte, lagen: in den Kirchen St. Marcial von Limoges, St. Martín von Tours -beide zerstört-, St. Fe von Conques und St. Saturninus von Toulouse. Mit der letzteren verfügt die compostelanische Kathedrale über enge Verbindungen und in geringerem Maße auch mit der von Conques.

Nach dem "Codex Calixtinus" soll der Beginn ihrer Erbauung in dem Jahre 1078 liegen, obwohl ihn eine Inschrift der Kapelle des Erlösers in das Jahr 1075 plaziert. Sie fügt hinzu: "Die Steinmetzmeister, die mit dem Bau der Kathedrale von Santiago begannen, nannten sich Bernardo der Ältere, ein bewundernswerter Meister, und Roberto, zusammen mit anderen, mehr oder weniger fünfzig Steinmetzen, die dort emsig arbeiteten." 1077 traf der Prälat mit dem Abt von Anteáltares, St. Fagildo, eine Übereinkunft, da das Bauwerk seine Kirche berührte. Bis 1088 verläuft alles ohne Zwischenfälle, doch dann wird Bischof Diego Peláez durch den Monarchen, der ihn des Betrugs beschuldigte, seines Amtes enthoben und eingesperrt. Die drei zentralen Kapellen des Chorumgangs, ihre entsprechenden Gänge und der Abschluß des Altarraums blieben so unbeendet.

Die durch das drastische Handeln des Königs verursachte Situation in Santiago hatte keine leichte Regelung, weshalb er 1092 seinen Schwiegersohn Raymond de Bourgogne zum Grafen von Galicien ernennt, der wiederum ein Jahr später den Domherrn Diego Gelmírez zum Vikar und Verwalter der Diözese erklärt. 1100 wurde er zum Bischof geweiht. Die Arbeit wurde wieder aufgenommen, das Unvollendete beendet und aktualisiert. Die neuen Arbeiten pflegte man dem Meister Esteban zuzuordnen. Wegen seiner Gegenwart in der Kathedrale von Pamplona im Jahre 1101 bevorzugen jedoch einige, von einem Platerías Meister zu sprechen, da dort sein herausragendstes Werk zu sehen ist.

In dieser zweiten Bauetappe wurde der Chorumgang beendet, das gewaltige Querhaus mit vier Kapellen in seiner westlichen Mauer und die Fassaden im Norden und Süden mit ihren jeweiligen ikonographischen Themen erbaut. Außerdem wurden die Reliefe, die wohl auf der westlichen Wand zu sehen waren, die die damals angefangenen Schiffe abgeschlossen hat, begonnen. Der Verlauf der Arbeiten erlaubte es Gelmírez, 1105 einige Altäre zu weihen.

1112 fiel die romanische Kirche ein, und 1117 wurde die Kathedrale von den gegen Gelmírez und Doña Urraca aufgewiegelten Compostelanern in Brand gesteckt, was großen Schaden anrichtete. Der Bau wurde während des ganzen 12. Jahrh. fortgeführt. Der *Calixtino* berichtet, daß

Die Tadelung von Adam und Eva.

er 24 Jahre dauerte, was aber nicht wahr sein kann, da die Erbauung der Schiffe langsam und mühevoll war, sowohl wegen der Höhenunterschiede des Gebietes, als vielleicht auch, weil die Umgrenzung und die Türme, die nicht bis 1120 abgerissen wurden, ein Fortschreiten behinderten.

Den letzten Impuls gab ihr ab 1168 Meister Mateo, der von König Ferdinand II. wöchentlich eine Pension von zwei Mark in Silber erhielt, bis er hundert Morabetiner jährlich erlangte, damit er sich der Vollendung der Kathedrale widmete. Er mußte mit der Beendigung der Schiffe beginnen und danach den großen Höhenunterschied, der zwischen diesen und dem umliegenden Gelände herrschte, überwinden, was ihn dazu zwang, eine weiträumige Krypta zu bauen, die dem Säulenhof der Glorie als Unterbau dient. Über ihm erhob er eine Empore, die höher als die übrigen ist und errichtete außerdem die Fassade mit seinen beiden Türmen.

Dieses gewaltige Werk schuf er zur selben Zeit wie den steinernen Chor, der sich bis Anfang des 17. Jahrh. in den ersten Jochen des Mittelschiffs befand. 1211 konnte in Anwesenheit Königs Alfons IX. die festliche Weihung der Kathedrale von Santiago gefeiert werden.

Seitdem wurde das Werk nur noch wenig abgeändert, bis es seine heutige Gesamtheit bildete. Die letzten mittelalterlichen Jahre erlebten, wie ein verschwundener Kreuzgang errichtet und eine gotische Stirnseite begonnen wurde, die, wenn sie beendet worden wäre, das Verschwinden der romanischen bedeutet hätte und den Quintana Platz unmöglich gemacht hätte. Bis zum heutigen Tage haben sich noch Skulpturen wie die, die dem Hochaltar vorsteht, das Kuppelgewölbe und einige Kapellen bewahrt.

Die Renaissance hat in der Kathedrale einen herrlichen Kreuzgang, an dem einige der herausragendsten hispanischen

Architekten mitgewirkt haben, Altäre, die Kanzeln aus Bronze und die Monstranz von Arfe zurückgelassen.

Es ist jedoch die Epoche des Barocks, in der die größten Umänderungen vorgenommen wurden und so prunkvolle Gefüge wie die Kapelle der hl. Jungfrau auf dem Pfeiler, der Uhrturm, der Altarraum, die Heilige Pforte, die Orgeln und die unvergleichliche Obradoiro Fassade fertiggestellt wurden. Ebenso in dieser Zeit wurden die großen und prächtigen Plätze, die die Kathedrale umgeben und die ihr eine besondere städtische Relevanz verleihen, gestaltet.

Mit dem Neoklassizismus beginnt der Verfall. Auch die Pilgerfahrten nehmen seit den Reformen Luthers ab. Trotzdem werden Ende des 18. Jahrh. einige Arbeiten durchgeführt, bei denen die Normen der Kgl. Akademie auf charakteristische Weise befolgt werden, wie die Beendigung der Azabachería Fassade und die Kommunionskapelle beweisen.

Das 19. Jahrh. ist mit seinen Turbulenzen keine günstige Zeit für die Kathedrale, obwohl 1879 die Reliquien gefunden wurden, die 1589 aus Furcht vor Drake versteckt worden waren. Santiago leidet unter einer schweren Krise, von der sie sich bis Mitte des 20. Jahrh. nicht erholt. Ab den Vierziger Jahren werden einige Umänderungen und Restaurierungsarbeiten vorgenommen, die der heutigen Kathedrale von Santiago ihre Form verliehen haben. Sie ist ohne Zweifel eines der prächtigsten Baudenkmäler Europas, zu deren Erschaffung der Jakobsweg in großem Maße beigetragen hat.

Links: Stirnseite der Krypta unter dem Säulengang der Glorie.

Pferde des Königsgefolges von dem steinernen Chor des Meisters Mateo. Von der abgerissenen Nordfassade stammende Säule.

DER CHORUMGANG

Obwohl die Erbauung der Kathedrale mit den zentralen Kapellen des Chorumgangs begann, ist es zweckmäßig, ihrer Anordnung zu folgen, um ein Hin und Her zu vermeiden.

Die Kapelle der hl. Jungfrau auf dem Pfeiler (1)

Sie belegt den Platz der früheren Kapelle des hl. Andreas, die der der Heiligen Fe glich, und des hl. Martin oder des hl. Fruktuosus, Advokation der damaligen Pfarrkirche, wie auch den Raum, der zwischen beiden lag.

1696 beauftragte der Domkapitel Domingo de Andrade mit einer neuen Sakristei. Er leitete die Bauarbeiten bis 1711, das Jahr, in dem er den Auftrag wegen seines fortgeschrittenen Alters und Krankheit an Fernando de Casas abgab. 1713 erreichte Erzbischof Fra Antonio de Monroy, daß die unfertige Sakristei in die Kapelle der hl. Jungfrau auf dem Pfeiler umfunktioniert wurde, wobei er alle Kosten selber bestritt. Bei seinem Tod 1715 war sie noch nicht beendet, weshalb die Erbauung und Ausschmückung bis jeweils 1719 und 1723 fortgeführt wurden.

Sie hat zwei Eingänge vom Chorumgang aus, einen rechteckigen Grundriß und eine riesige Ordnung von Wandpfeilern. Zwischen diesen formen sich Nischen für die Fächer, öffnen sich Fenster und entwickeln sich mehrere ornamentale Motive. Die Kuppel, über pilgermuschelförmigen Trompen mit Jakobskreuz, ist achteckig und mit Wappen, jakobäischen und pflanzlichen Motiven, die hervorragend in den Granit eingemeißelt sind, geschmückt. Sie schließt mit einer ebenfalls achteckigen Laterne ab. Die

Retabel der Kapelle der hl. Jungfrau auf dem Pfeiler.

Kapelle, die nach Meinung von Torres Balbás "das erste wirklich barocke Bauwerk Galiciens" ist, verfügt über großen Schmuck- und Materialienreichtum. Marmor und Jaspis, teilweise bemalt, werden großzügig verwendet. Sie bedürfen baldiger Restaurierung.

Das von Fernando de Casas entworfene Retabel scheint sich an ephemer Baukunst Sevillas, um die Kanonisation des hl. Ferdinand zu feiern, zu inspirieren. Es schickt Lösungen voraus, die von Casas selber an der Obradoiro Fassade entwickelt werden sollten. Es fehlt auch nicht an bestimmten Andeutungen auf die Pfeiler-Basilika von Saragossa. Die Ausführung dieses einmaligen Werkes aus Marmor und Jaspis, das am 12. Oktober 1721 geweiht wurden, hat man Miguel de Romay zu verdanken. Die Statuen sind, bis auf die der Titularsjungfrau, von Fernández Sande. Die Mauernische in der Mitte beherbergt die von Saragossa gebrachte hl. Jungfrau auf dem Pfeiler. Über dem Bogen der Mauernische krönt eine Kartusche mit

1

Altaraufsatz

Grabstätte des Erzbischofs Monroy

PLATERIAS QUERSCHIFF

Laubverzierung, Engelsköpfen und einem Epigraphen. Weiter oben hängt ein Bild von Juan Antonio García de Bouzas, das er gegen 1722 malte und die Erscheinung der hl. Jungfrau vor dem Apostel darstellt. Das Retabel schließt mit einer kleinen schmucken Kuppel ab.

Der oben genannte Maler gab die übrige malerische Ausschmückung der Kapelle in Auftrag, wobei er jede Kleinigkeit sorgfältig erklärte.

Die Grabstätte des Erzbischofs Monroy hat eine große Steintafel aus schwarzem Marmor mit einer Lobesinschrift. Darüber befindet sich eine Nische mit Fenster, die einen Betstuhl, vor dem der Prälat kniet und betet, beherbergt. Es wurde von Fernández Sande gehauen. Auffallend ist der Realismus und die Schwülstigkeit der Kleidung. Die Szene wird von einigen Säulen umgeben, die ein Sims stützen, auf dessen Karnies sich anmutige Fialen und das erzbischöfliche Wappen erheben. Es erscheinen für den compostelanischen Barock des 18. Jahrh. typische Plaketten.

Nahe dem Altar befinden sich aus Edelhölzern gemachte Sakristeischränke: aus Mahagoni, Ebenholz, und Inkrustationen aus Elfenbein und Schildpatt. Sie gehören mit zu den luxuriösten Möbelstücken der Kathedrale und sind gleichzeitig mit der Beendigung der Kapelle.

Die Eingangstüren werden von bronzenen Gittern verschlossen, die vielleicht von Fernando de Casas entworfen und 1721 gegossen wurden. Ihre Balustraden waren eine Weiterentwicklung der Anfang des 17. Jahrh. benutzten, denn in ihrem oberen Halbkreis sind sie strahlenförmig. Auch ihre Schlösser sind kurios.

Innenansicht der achteckigen Kuppel mit jakobäischer und heraldischer Ausschmückung.

Die Kapelle von Mondragón (2)

Sie wurde gegen 1521 durch den Kanoniker Juan de Mondragón errichtet. Ihr Grundriß ist beinahe ein Rechteck, und sie wird von einem schönen Kreuzgewölbe überdacht. Über der Sakristei hat sie eine kleine durch einen Flachbogen zur Kapelle hin geöffnete Empore. Die Architektur, von Jácome García, folgt den von Juan de Alava im Kreuzgang angewendeten Formeln und Lösungen. Das Fenster ist mit einem Rundbogen und, an seiner Seite, mit einem Wappen versehen.

An ihrer Stirnseite, auch unter einem Flachbogen, befindet sich das herrliche Retabel aus Terrakotta, das von Miguel Perrín aus Sevilla 1526 modelliert wurde. Es ist sehr genau gearbeitet und von hoher Kunstfertigkeit. Man bemerkt in ihm einen leicht gotischen Anklang. Es stellt das Wehklagen vor dem toten Christus dar, dessen starrer Leichnam im Vordergrund ist. Vor ihm kniet seine Mutter, die im Ausdruck tiefen Schmerzes ihre Hände gefaltet hat. Außerdem wird er von trauernden Aposteln, Jüngern und heiligen Frauen umgeben. Die Landschaft im Hintergrund ist eine eigentümliche Ansicht von Jerusalem.

Daneben stellte man 1751 ein

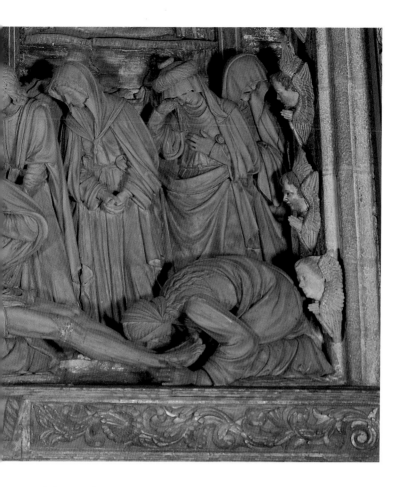

Retabel mit schönen Bildnissen, die Johannes den Täufer, den hl. Antonius und das Heilige Grab mit Christus an dem Kreuz und die Schmerzensmutter darstellen. Die Kapelle und das Retabel wurden in den dreißiger Jahren des 19. Jahrh. restauriert und nachgemalt. Sie steht unter dem Patronat des Markgrafen von Santa Cruz de Rivadulla.

Ihr Gitter schreibt man Juan Francés zu, aber es ist wahrscheinlich eher einem seiner Schüler zu verdanken. Es imitiert ein Modell des 15. Jahrh., obwohl es um 1522 realisiert wurde. In Einklang mit diesem Datum sind seine Renaissance-Motive.

Wehklagen vor dem Toten Christus, aus Terrakotta von Miguel Perrin.

Die Kapelle des hl. Petrus (3)

Neben der Heiligen Pforte befindet sich diese Kapelle, deren mittelalterliche Stücke und Bauwerke beinahe noch unversehrt sind. Sie hat ein schönes Retabel, das von Fernando de Casas entworfen und 1731 gefertigt wurde. In seiner Mitte befindet sich die hl. Jungfrau mit der Lilie. Nach ihr wird auch manchmal diese Kapelle benannt. Die anderen Plastiken sind die Heiligen Joseph, Petrus und Judas Thaddäus, oben, die ebenfalls von Interesse sind.

Auf der rechten Seite liegt Doña Mencía de Andrade begraben, die 1571 die Kapelle gründete. Die Fertigung ihrer Grabstätte aus Granit gab die Dame persönlich 1582 bei Juan Bautista Celma in Auftrag. Die Verstorbene ruht auf ihrer linken Seite, und ihr Kopf, bedeckt von dem Umhang, liegt auf zwei Kissen, zu denen sie auch eine Hand führt, als wenn sie einen angenehmen Schlaf halten würde. Der rechte Arm liegt an ihrem Körper und hält einen Rosenkranz. Zu ihren Füßen blickt ein Windhund aufmerksam zu seiner Herrin. Die Figur, Erbin mittelalterlicher Prototypen, ist nach Professor Rosende "eine der schönsten Plastiken der galicischen Grabbildhauerkunst."

Das Gewölbe und die Mauern der Kapelle waren mit schmückenden Gemälden und einer Mariä Himmelfahrt, heute sehr beschädigt, verziert. Sie wird um 1800 datiert.

Mit dem Gitter wurde 1571 Sadornín Fernández beauftragt. Die Kosten dafür wurden auch von Doña Mencía bestritten. Als Vorbild diente das der Kapelle des Erlösers. Seine meisterhafte Fertigung zeigt sich im Gesamtbild und in den Einzelheiten, wie in der Ziselierung des Schloßgehäuses.

Barockes Retabel. Im einzelnen, der hl. Josef (oben) und der hl. Petrus (unten).

Das Innere der Heiligen Pforte (4)

Rechts neben der Kapelle des Erlösers öffnete man im 16. Jahrh. die Heilige Pforte. Von innen sind das einzig Herausragende die beiden Figuren, die sie flankieren. Sie stammen von den Wänden des steinernen Chors, der sich bis Anfang des 17. Jahrh. im Mittelschiff befand. Er war ein Werk Meister Mateos und seiner Werkstatt. Es blieben einige Stücke und Fragmente erhalten, die es erlaubten, drei Stühle zu rekonstruieren und das Gefüge wieder herzustellen. Über dem Türsturz befindet sich ein eingefügtes Weihkreuz.

Diese Pforte wird nur geöffnet, wenn ein Heiliges Compostelanisches Jahr gefeiert wird, das immer dann ist, wenn der Festtag des Apostels auf einen Sonntag fällt, was Zeitintervalle von fünf, sechs und elf Jahren bedeutet. Das letzte Heilige Jahr dieses Jahrhunderts und Jahrtausends wird 1999 sein.

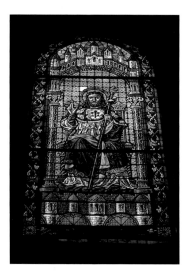

Links: *Die Heilige Pforte mit vom steinernen Chor stammenden Skulpturen.*

Der Prophet Hesekiel (links) *und der hl. Judas* (rechts).

Kirchenfenster mit dem Apostel.

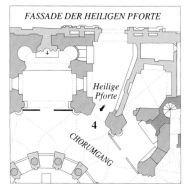

FASSADE DER HEILIGEN PFORTE

Heilige
Pforte

4

CHORUMGANG

Die Kapelle des Erlösers (5)

Sie liegt genau in der Mitte des Chorumgangs und ist, vielleicht wegen ihrer einzigartigen halbkreisförmigen Stirnseite mit zwei kleinen Apsiskapellen, die großräumigste der älteren Kapellen. Von außen hatte sie jedoch eine rechteckige Form, wie man einer Zeichnung des 17. Jahrh. entnehmen und noch teilweise heute sehen kann.

Die Figuren der Kapitelle des Eingangs tragen Schrifttafeln, auf denen steht: "Während Prinz Alfons regierte, wurde dieses Werk erbaut", auf dem linken, und "Zu Zeiten des Bischofs Diego wurde dieses Werk begonnen", auf dem rechten. In den seitlichen Mauern der Kapelle sind einige Fragmente langer Epigraphen erhalten, in denen diese Daten wiederholt und in das Jahr 1075 situiert werden.

Das Retabel, dessen Kosten von dem dritten der Erzbischöfe, Fonseca, 1532 bestritten wurden, schreibt man Juan de Alava zu. Es ist aus meisterhaft gearbeitetem mehrfarbigem Gestein. Die Mauernische des ersten Körpers beherbergte die Monstranz, in der in den ersten Jahren des 17. Jahrh. immer das Altarsakrament war. Heute nimmt sie eine ausdrucksvolle gotische Statue des Erlösers auf, der seine Hände hoch hält und seine Wundmale zeigt.

In dieser Kapelle, die von einigen wegen einer alten Stiftung "des Königs von Frankreich" genannt wird, konnten sich die ausländischen Pilger mit den mehrsprachigen Beichtvätern versöhnen, das Heilige Abendmahl empfangen und die "Compostela" erhalten, die bestätigte, daß die Pilgerfahrt aus Bußgründen vollbracht wurde.

In der nördlichen Mauer befindet sich die Grabplatte des Vogts der Stadt, Francisco Treviño, der 1511 starb und auf ihr mit Schwert und Rosenkranz dargestellt wird. In dem Boden liegt der 1786 verstorbene, gewählte Bischof von Lugo und Rektor der Universität, Dr. Antonio Páramo y Somoza, begraben. Das Gitter, zu guter Letzt, ist anscheinend aus Toledo, ein Geschenk des Erzbischofs Fonseca und Werk des Meisters Domingo.

Links: Das steinerne Retabel der Kapelle des Erlösers.

Die gotische Statue des Namensgebers.

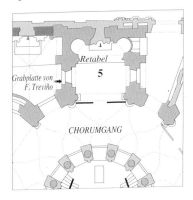

Die Kapelle Unserer Lieben Frau die Weiße oder der España (6)

Im Norden, links neben der Kapelle des Erlösers, wurde die der hl. Jungfrau der Weißen errichtet. Ihre Gründung schreibt man Juan de España gegen Ende des 13. Jahrh. zu. In dem Bogen ihres Eingangs, neben dem Wappen, werden jedoch andere Namen, von Bürgern Santiagos der letzten Jahre des 14. Jahrh. und Anfang des 15. Jahrh., erwähnt.

Aus der Zeit stammt auch die Kapelle, die später als Patron den oben erwähnten Juan de España hatte. Über dem Bogen befindet sich eines der Weihkreuze der Kathedrale von 1211.

Ihr unregelmäßiger Grundriß liegt daran, daß sie zwischen den Kapellen des Erlösers und des hl. Johannes errichtet wurde. Sie wird von einem viergeteilten Kreuzrippengewölbe überdacht, deren Schlußstein mit Laubverzierungen geschmückt ist. Das linke Fenster war bis zum 18. Jahrh. geteilt. Unter ihm kann man einige Bogennischen mit Grabstätten des Gründers und einer des 16. Jahrh. sehen; eine andere aus demselben Jahrhundert

liegt gegenüber, wie auch ein viertes Grab aus dem 17. Jahrh.

Das einteilige neugotische Retabel von Maximino Magariños aus dem Jahre 1906 ist im unteren Teil mit Reliefen versehen. In seinem Zentrum steht die 1744 von dem Bildschnitzer Gregorio Fernández gefertigte, barocke Statue der hl. Jungfrau der Weißen. Sie wird von vier Figuren von Magariños flankiert. Das Gitter, in dessen Schloß die Jahreszahl 1725 steht, ist von Clemente Lorenzo.

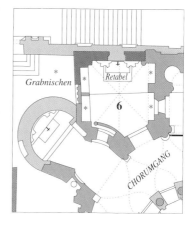

Eingangstür und Ganzansicht des Retabels.

Die Kapelle des hl. Johannes (7)

Diese alte romanische Kapelle wurde im 16. und 18. Jahrh. erweitert, indem man die hintere Wand niederriß, wobei man aber das Gewölbe respektierte. Eine andere wurde, in Form einer Jakobsmuschel, in der Erweiterung erbaut. Sie faßt den Abschluß des Retabels ein. Vor ihr öffnet sich eine Laterne, in der als Verzierung geometrische Platten benutzt wurden. Sie sind für den compostelanischen Barock des 18. Jahrh. und besonders für Simón Rodríguez, dem sie auch zugeschrieben werden und der in dieser Kapelle begraben wurde, typisch.

Man nimmt an, daß auch das Retabel ein Werk dieses Künstlers ist. Zwischen seinen Wandpfeilern werden Episoden aus dem Leben des hl. Johannes dargestellt. Der Mittelteil wurde umgestaltet, damit er die 1917 von Aniceto Marinas gefertigte Plastik der hl. Susanna, die auch Schutzpatronin der Stadt ist, aufnehmen konnte. Der Namensgeber der Kapelle besetzt die höhere Mauernische und wird von reichen pflanzlichen Verzierungen flankiert.

Auch das Gitter ist aus dem 18. Jahrh., für das Gestänge aus Eisen verwendet wurde, das geometrische Kompositionen formt. Es verzichtet auf den steinernen Sockel und hat ein eigentümliches Grat.

Links: Retabel der Kapelle des hl. Johannes.

Das alte Tor des Kreuzwegs.

Die Tür des Kreuzweges (8)

Zusätzlich zu den drei Portalen an den Extremen der Kathedrale öffneten sich an anderen Stellen "kleinere Türen". Zu ihnen gehört die, die sich zwischen den Kapellen des hl. Johannes und der Heiligen Fe befindet. Sie hat ihren Namen von der Straße, zu der sie führte und wurde im 16. Jahrh. ummauert, so wie sie bis 1933 verblieb.

Von innen ist sie abgeflacht und nicht verziert. Über ihr öffnet sich ein Fenster mit Rundbogen und einem Auge darüber. Diese Überlagerung von Maueröffnungen wiederholte sich in den Jochen des Chorumgangs ohne Kapellen, was sich sogar nach ihrer Hinzufügung so bewahrte, außer, wo sich die Tür der Kapelle des hl. Pelayo öffnete, an deren Stelle man die von Mondragón erbaute.

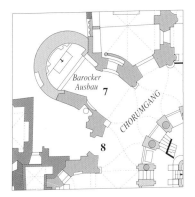

Die zentralen Joche des Chorumgangs

Die Joche des Chorumgangs, an denen die vorhergenannten Kapellen und Türen liegen, stammen von der ersten Bauetappe. Sie werden von Kreuzgratgewölben ohne Bögen zwischen den Jochen überdacht. Ihr Dasein dient hauptsächlich dazu, den Beginn der zweiten Bauetappe anzuzeigen. Die Gewölbe ruhen, auf der anderen Seite, auf den Säulen und Bögen, die den Altarraum eingrenzen und im 17. Jahrh. barockisiert wurden. Über Sockeln aus Jaspis und Marmor erheben sich gewundene Säulen mit Simsen, auf denen Engel stehen, die früher Lichter gehalten haben.

Die Balustraden aus Gußeisen der Säulenweiten, heute Fenster, müssen in der zweiten Hälfte des 17. Jahrh. von Andrade entworfen und von compostelanischen Schmieden gefertigt worden sein. Die oberen Kirchenfenster, mit Rahmen und Verzierungen aus vergoldeter Bronze, wurden 1818 von Andrés Antelo, während des Episkopats von Múzquiz, angebracht.

Über dem Chorumgang verläuft eine Empore mit viertelkreisförmigen Gewölben, an deren Gewölbeanfang sich trompetenförmige Fenster öffnen.

Die Beendigung des Chorumgangs

Nachdem die Eintracht nach dem Ausschluß Bischofs Diego Peláez wiederhergestellt worden war, nahmen Raymond de Bourgogne und Gelmírez die Arbeiten an der Kathedrale wieder auf. Sie beendeten alles Unbeendete, wie u.a. auch den Chorumgang. Das erstere kann man von innen kaum wahrnehmen und ist von außen deutlicher. Die Fortführung des Chorumgangs ist durch einige Änderungen leicht auszumachen: die Gewölbe stützen sich auf Bögen, die Bearbeitung und Thematik der Kapitelle und Firste variiert und die Proportionen nehmen zu.

Mit Figuren geschmückte Kapitelle des Chorumgangs und der Vierung.

Rechts: Nördliches Ende des Chorumgangs.

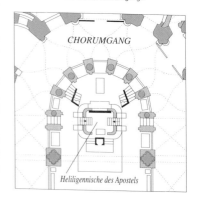

Die Kapelle der
Heiligen Fe (9)

Die herkömmliche Historiographie besagt, daß sie zu Beginn der zweiten Bauetappe errichtet wurde, wobei sich zwischen beiden Perioden eine totale Lahmlegung produzierte. Professor Durliat schrieb jedoch, daß "die Arbeit an der Kathedrale nicht ganz unterbrochen wurde ... Es wurden einige Arbeiten ausgeführt; besonders die Erbauung und Ausschmückung der beiden Kapellen, der Heiligen Fe und des hl. Andreas, und die Teile neben dem Chorumgang".

Die Kapelle ist polygonal. Über einem Unterbau öffnen sich Fenster mit Rundbögen. Die Kapitelle, die die Pflanzen des Eingangs flankieren, sind hagiographisch. Das rechte stellt die Verurteilung der Heiligen Fe, den Henker mit dem Schwert und die Hinführung zum Schafott dar. Das linke scheint die Selbstbeschuldigung des hl. Caprasio vor ihrem Beispiel zu zeigen,

die sich zu ihrem Glauben bekennt. Die Thematik und Widmung der besagten Heiligen beweisen die Verbindung mit Conques.

1515 gründet der hier im Boden begraben liegende Kanoniker Gómez Rodríguez Sotomayor eine Stiftung, und die Kapelle wird auf den hl. Bartholomäus geweiht, unter dessen Namen man sie auch kennt. 1521 verfügte der Ordensmagister Diego de Castilla, Urenkel des Königs Peter I., in seinem Testament, daß man mit seiner Grabstätte und seinem Retabel den flämischen Holzschnitzer Arnao beauftragen sollte. Das Retabel hat, wegen seiner Ähnlichkeit mit dem des Erlösers, Professor Pita vermuten lassen, daß sie aus dem Umkreis von Juan de Alava stamme. In seiner Mitte befindet sich die hl. Jungfrau des Guten Rates, die von den Aposteln Jakobus und Bartholomäus flankiert wird. In dem Zentrum ihres Abschlusses wird Christus, Schmerzensmann, dargestellt. Die zwei

Schädel stellen wohl die Verbindung mit der Grabstätte her.

Diese, an der linken Mauer plaziert, wurde aus litographischem weichem und feinkörnigem Gestein aus Coimbra gefertigt, das seine sorgfältige und ausführliche Bearbeitung erlaubte. Ihre architektonische Struktur ist wie ein Renaissance-orientierter Triumphbogen, der nicht verhindern kann, daß das Grabmal und die liegende Figur an mittelalterliche Formeln erinnern, obwohl ihr Realismus hervortritt. In dem Hintergrund der Nische tragen zwei Engelchen das Wappen des Verstorbenen, und darüber sieht man die Auferstehung Christi. In dem Giebel zeigt ein Mann einer Frau einen Totenkopf, was Thema klassischer Resonanzen war, wie auch die den langen und lobenden Epigraphen flankierenden Militärtrophäen und die Figuren des Giebelabschlusses. Es ist ein wertvolles Werk innerhalb der Grabkunst.

Das Gitter wiederholt das Modell der Kapelle des Erlösers, besonders den Typ Baluster. Es wird gegen 1532 datiert und gewöhnlich dem Meister Guillén de Bourse zugeschrieben, der damals in Santiago und besonders in der Kathedrale gewirkt hat.

Renaissance-Retabel (links) *und Grabstätte von Don Diego de Castilla* (rechts).

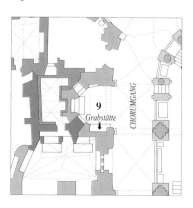

DIE SCHIFFE DES QUERHAUSES

Die Schiffe des Querhauses wurden während der zweiten Bauetappe der romanischen Kirche (1098-1122) errichtet und sind ein Werk Meister Estebans und seiner Werkstatt. Sie wurden in dem Jahre 1105 beendet, in dem Gelmírez auch die Altäre seiner Apsiskapellen weiht.

Links: Allgemeinansicht der Vierung gegen Süden (Platerías).

Ansicht des nördlichen Extrems (Azabachería) des Querhauses.

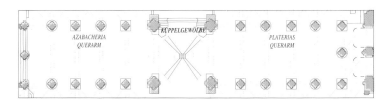

Die Kapelle Unserer Lieben Frau von Prima (10)

Die ehemalige Kapelle der "Laienbruderschaft der Kleriker" oder der "Kaplane des Chores", auch der "Unbefleckten Empfängnis" genannt, existierte schon im 12. Jahrh. Sie wurde von Juan de Alava entworfen und von Jácome García (1523) realisiert. Der Platzmangel gab den Anlaß für die sonderbare Bauweise mit zwei Bögen, die zwei romanischen Jochen entsprechen. Rechts befindet sich ein großer Renaissance-Bogen mit dem Mausoleum des Kanonikers Antonio Rodríguez Agustín (†1526), das ein Werk von Cornielis von Holland ist. Es ist eine der schönsten Grabskulpturen Galiciens. Der linke Bogen markiert die zerstörte Apsiskapelle des Heiligen Kreuzes.

Das Retabel ist ein Werk von Simón Rodríguez, einem der großen Meister des compostelanischen Barocks des 18. Jahrh. In der Mauernische rechts befindet sich die Statue Unserer Lieben Frau von Prima, die von Cornielis geschnitzt wurde. In der lin-

ken Mauernische kann man ein Relief mit der Kreuzabnahme sehen. Es wurde 1721 von Diego de Sande, in Erinnerung an die gelmirische Widmung dem Heiligen Kreuz, gefertigt. Zu Füßen dieses Reliefs liegt Antonio Domingo de Andrade begraben.

Altäre

Mausoleum von A. Rodríguez

10

AZABACHERIA QUERARM

Links: Unsere Liebe Frau der Empfängnis.

Relief der Kreuzabnahme.

Die Kapelle des *Sancti Spiritus* (11)

Als der romanische Bau fertiggestellt war, begannen das compostelanische Bürgertum und der Klerus die durch die Bauart gelassenen Zwischenräume mit Kapellen für Begräbnisstätten auszufüllen. Das ist der Fall von Pedro Vidal, der Mitte des 13. Jahrh. eine Kapelle baute, mit der er die Tür der hl. Maria besetzt, die mit der der Corticela in Verbindung stand. Von seinem Urenkel Erzdiakon Gonzalo Pérez von Moscoso umgebaut, hat die Kapelle einen länglichen Grundriß und wird von einem Spitzbogengewölbe, das auf interessanten Konsolen ruht, überdacht. Die Empore ist

ein Werk Andrades (1694). Das Portal, von dem Ende des 16. Jahrh., hat eine Oberschwelle in Form eines runden Kleeblattbogens mit burg- und turmählichen Abschlüssen. Darüber befinden sich die Wolfsköpfe der Moscoso und das Weihkreuz der Basilika.

Sie beherbergt sieben Gräber. Links liegt das des Kantors Juan de Melgrejo (†1534), dessen liegende Figur ein ausdrucksvolles Gesicht hat, und gegenüber das des Kanonikers und Kardinals Pedro Varela (†1574).

Links von dem Schiff befinden sich die Grabstätten des Händlers Francisco de la

Peña, des Erzbischofs Alonso Sánchez de Moscoso, -in dessen Bogennische ein Mauergemälde des 16. Jahrh. mit der Kreuzabnahme prangt-, und die des Gründers Pedro Vidal. Die Stirnseiten dieser Gräber sind mit runden Kleeblattbögen mit Weihrauchkessel tragenden Engeln geschmückt. Ihre kunstfertige Gestaltung, sowie auch die des Portalbogens, stammt von Meister Mateo.

Rechts liegt das Grab des Vogts Fructuoso Gallo (†1564) und seiner Frau.

An der Stirnfläche befindet sich der barocke Altar der hl. Jungfrau der Verlassenheit, der 1945 von dem Raum hinter dem Chor der Kathedrale demontiert wurde. Die Jungfrau wurde 1666 in Madrid gefertigt. Das Fußgestell und das silberne Vorderblatt sind Werk des Goldschmieds Antonio Morales, aus dem Jahre 1747. Das Retabel wird von einem Golgatha mit schönem Kruzifix aus dem 14. Jahrh. und mit Maria und dem hl. Johannes von Ende des 15. Jahrh. gekrönt.

Ansicht der Retabel mit der hl. Jungfrau der Verlassenheit.

Rechts: *Grabstätte des Erzbischofs Moscoso.*

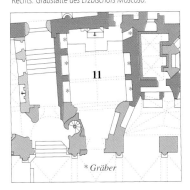

Die Apsiskapelle des hl. Nikolaus (12)

Die dem Tor des Paradieses, durch die die europäischen Pilger eintraten, am nächsten liegende, war die Pfarrkapelle für die Ausländer. 1105 geweiht, ist sie ein Werk Meister Estebans und wurde im 17. Jahrh. in einen Durchgang umgewandelt. Ihr halbkreisförmiger Grundriß, der einzige, der noch von dem Querhaus übrig ist, bewahrt noch einige Bauelemente, wie das Schalengewölbe, die Säulen, das Schachbrettfries und große Fenster.

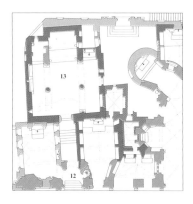

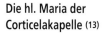

Durchgang zu der Corticelakapelle durch die romanische Kapelle des hl. Nikolaus.

Rechts: *Portal und Innenansicht der Corticela Kapelle.*

Die hl. Maria der Corticelakapelle (13)

Ein Durchgang mit Treppe von 1711 schneidet den Weg, der früher die Kathedrale von der Klosterkirche der Corticela trennte. Sie wurde im 9. Jahrh. von Alfons II. gegründet und gab wegen ihres kleinen Ausmaßes dem hl. Martín Pinario Unterkunft. Ab 1527 wurde die Corticelakapelle Pfarrkapelle für Ausländer und Basken.

1213 wieder aufgebaut, gehört diese Kapelle auch zu den Kunstwerken Meister Mateos, was man sehr gut an dem schönen Portal sehen kann. Es zeigt die Verehrung der Heiligen Drei Könige, die mit der Epiphanie des verschwundenen Steinchors von Mateo in Verbindung gebracht wird. In ihrem Grund- und Aufriß reflektiert sie die Bauart der vorromanischen Basilika von Alfons III., von Ende des 9. Jahrh.

Links befindet sich ein germanischer Stolensarkophag. In den Bogennischen wird ein Christus im Ölberg aus dem 16. Jahrh. dargestellt. Die liegende Figur ist aus dem 18. Jahrh. In dem Altarraum steht eine Statue Unserer Lieben Frau des Trostes des 16. Jahrh. In der Seitenkapelle gibt es ein Jesuskind der Zunft der "Teçeleiros" (Weber) deutscher Herkunft.

Die liegende Figur der Grabstätte rechts ist eine Pilgerdame in prächtiger burgundischer Tracht aus dem 15. Jahrh. Das Grab des Kardinals Gonzalo Eáns (†1342) zeigt Bildhauerarbeit des 14. Jahrh.

Die Kapelle des hl. Andreas (14)

Barockes Retabel des hl. Andreas.

Sie wurde 1674 durch den Erzbischof Andrés Girón gegründet.

Das barocke Retabel ist von Fernández Espantoso aus dem Jahre 1707. Das Retabel Unserer Lieben Frau von Covadonga wurde 1733 von Simón Rodríguez entworfen.

In der rechten Mauer befinden sich übereinanderliegende Grabstätten mit den liegenden Statuen des Kanonikers Pedro García (†1561) und des Kardinals Juan Martínez Ternero (†1581), die von Juan Bautista Celma gefertigt wurden.

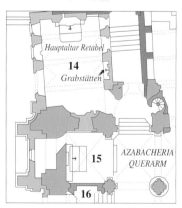

Die Kapelle des hl. Antonius (15)

Sie liegt rechts von der Plattform des Azabachería Tors. Das Retabel ist von der Schule Simón Rodríguez' aus dem 18. Jahrh.

Oben: *Retabel des hl. Antonius.*

Unten: *Liegende Statue von Juan Vidal.*

Die Grabstätte des Priors Juan Vidal (16)

Die Grabstätte des 1582 Verstorbenen befindet sich rechts von dem Azabachería Tor. Die liegende, sehr ausdrucksvolle Statue wird Juan Bautista Celma zugeschrieben.

Die Schiffe und Vierung:

Von dem Azabachería Arm aus kann man durch die Schiffe bis zur gegenüberliegenden Platerías Fassade sehen. Sie bilden eine Perspektive von über 65 Meter Länge, die in zwölf Joche eingeteilt ist. Die schöne architektonische Sequenz kann man durch die Weite und Schlankheit ihrer Proportionen ausmachen, die von wohlüberlegtem klassischem Takt und gewußter Gliederung ihrer Bauelemente sind. Die größeren und kleineren Schiffe werden durch die Bündelpfeiler voneinander getrennt. Über ihnen ruht das Bogenwerk aus Rundbögen, deren Überhöhung die Höhe noch vergrößert.

Die kleineren Schiffe bleiben auf mittlerer Höhe und werden von Gurtbögen und Kreuzgratgewölben überspannt. Über ihnen wird eine bauliche Neuheit eingeführt: die hohe Galerie, die an den Schiffen und dem Chorumgang der Kirche entlangläuft. Sie wird von einem Vierteltonnengewölbe überdacht, hat Fenster nach außen hin und ist zu den größeren Schiffen über die Balkonagen des Triforiums geöffnet. Sie schließt an den Stirnseiten mit denselben schönen Gefügen und einer großen Rosette in der Höhe ab.

Die an die Mauern der kleineren Schiffe angebauten Säulen teilen die großartige Bauart der Apsiskapellen und großen Fenster, die die Kirche mit Licht durchfluten, ein.

Zu der Vollkommenheit und Schönheit ihrer Bauweise eint sich die erlesene Verzierung ihrer Kapitelle, sei es mit Figuren und pflanzlichen Motiven, aus spitzen und nachgearbeiteten Blättern, oder mit menschlichen Figuren einschließenden Verschlingungen.

Der Pendelmechanismus des "Botafumeiro" in dem Gewölbeanfang des Kuppelgewölbes der Kathedrale.

Die Grabstätten des Bischofs von Orense, Alonso López de Valladolid (17)

Er verstarb 1468. Der Bogen seiner Grabstätte schließt mit einem Wappen der Mendoza ab. Die schöne liegende Statue wurde Ende der Gotik gefertigt. Der Bischofsstab aus Bronze ist ein Muster der Goldschmiedekunst der Epoche.

Die Kapelle der hl. Katharina (18)

Sie belegt einen Platz, der früher zu dem Königspantheon gehörte und liegt hinter der Begräbnisstätte des Bischofs von Orense. Sie ist eine Gründung der Markgrafen von Bendaña. Das Retabel ist von Ende des 18. Jahrh.

Retabel und Figur der hl. Kathrina.

Unten: Die liegende Statue des Bischofs von Orense.

Rechts: Der hl. Jakobus zu Pferd.

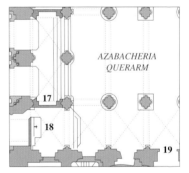

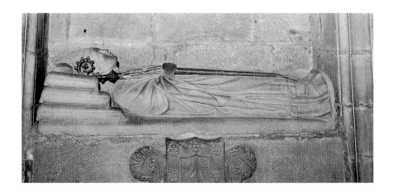

Der hl. Jakobus zu Pferd (19)

Die Mauernische mit dem berühmten hl. Jakobus zu Pferd stammt von der Zunft der "Azabacheros" (die, die mit Jett arbeiten). Sie ist ein Werk des Bildhauers José Gambino aus der zweiten Hälfte des 18. Jahrh.

DAS LANGHAUS

Ohne die Erhabenheit der romanischen Bauweise zu vermindern, wirkt es wie ein großer Festsaal.

Zu Füßen des "Santo dos Croques" liegt der bronzene Grabstein des Erzbischofs Pedro Múñiz, der die Kathedrale am 3. April 1211 weihte.

In dem dritten Joch befindet sich eine bronzene Bodenklappe, durch die man zu den Ausgrabungen der römischen und germanischen Nekropolis des 1.-7. Jahrh. und der Basilika Alfons' III. hinabsteigen kann.

Die prächtige Lampe aus Bergkristall wurde in Deutschland gefertigt und während der Ausstellung von Paris 1855 gezeigt. Die Lampe des Senats ist ein Geschenk des compostelanischen Senators Eugenio Montero Ríos.

Die Schiffe der Kathedrale. Das nördliche Seitenschiff (unten) und das Mittelschiff (rechts).

Die Kommunionskapelle (20)

Die große Leistung Erzbischofs Bartolomé Rajoy y Losada in der Kathedrale liegt in der Azabachería Fassade und dieser Kapelle. Sie belegt den Platz der Kapelle Unserer Lieben Frau der Vergebung des Erzbischofs Lope de Mendoza (†1445), in der früher die Titel der compostelanischen Universität verliehen wurden.

Die Kapelle wurde 1769, im Einklang mit anderen spanischen Bauwerken des Neoklassizismus, von Miguel Ferro Caaveiro entworfen. Sie verfügt über einen Narthex, zu dem man über zwei Türen gelangt: die linke ist von der früheren Kapelle, mit Engeln, die das Wappen der Mendoza tragen. Die zweite, in der die Wappen der Rajoy prangen, ist ein Werk Tomás Gambinos. In dem Vorraum sind noch die Gründungsinschrift und die gotische Figur aus Alabaster der Schutzpatronin der Kapelle, die hl. Jungfrau der Vergebung, erhalten. Über der Basis mit der Figur des betenden Bischofs befindet sich die Plastik der hl. Maria mit dem Jesuskind, das mit einem Vögelchen spielt, während sie seinen nackten Fuß hält. Es hat einen internationalgotischen Charakter.

Die Kapelle ist ein Rundbau, in dem acht ionische Säulen die tiefe Kuppel stützen und den Raum mit breiten Bögen für das Retabel und die Mausoleen und anderen schmäleren für die doppelte Anordnung der abgeflachten Türen und den Mauernischen einteilen.

Das Retabel mit Bildnis des Herzen Jesu ist ein Werk Francisco de Lens und wurde dem Sakrament der Liebe gewidmet. Die Mausoleen aus Marmor von 1900 sind ein Werk Ramón Constenlas und verleihen der Kapelle mit ihren eingemeißelten Darstellungen des Glaubens und der Hoffnung eine symbolische Einheit.

In den oberen Mauernischen stehen die vier Skulpturen der Kirchendoktoren, die von Juan da Vila und Gregorio Español (1603-1608) gefertigt wurden.

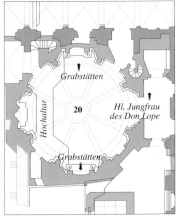

Die hl. Jungfrau mit dem Jesuskind in der alten Kapelle von Don Lope.
Rechts: Teilansicht der neoklassizistischen Kapelle und ihrer Kuppel.

Die Kapelle des Christus von Burgos (21)

Sie wurde von Erzbischof Pedro Carrillo gegründet und von Meister Melchor de Velasco y Agüero aus Santander zwischen 1662-1664 realisiert.

Sie ist vornehmer protobarocker Bauweise. Ihr Portal mit doppelten Säulen auf Säulenfüßen hält die Attika mit dem Wappen des Gründers. Ihr Grundriß ist griechisch und von architraver Bauart mit großen kannelierten Wandpfeilern, denen mit Stuck verzierte Doppelbögen entspre-chen. Über den Hängezwickeln mit dem Wappen von Carrillo, weitet sich die Kuppel, deren Rippen wie Jakobsmuscheln gearbeitet sind, von denen Wasser läuft.

Das Retabel des Hauptaltars entstand in Zusammenarbeit zwischen Bernardo Cabrera, dem Erbauer der ersten gewundenen Säulen Spaniens (im Museum), und Mateo de Prado, Schüler von Gregorio Fernández. Das Kruzifix wurde im 18. Jahrh. in Burgos gearbeitet und ersetzte das ursprüngliche Gemälde.

Die Retabeln des "Wehklagen des hl. Petrus" und der "Mutter der Zebedäer" an

den Seiten sind von der Schule Mateo de Prados.

Besondere Aufmerksamkeit verdient die Grabnische von Pedro Carrillo, Erzbischof und Generalkommandeur von Galicien (†1667), die ein Werk Pedro del Valles ist, der mit großem Geschick und Naturalismus die vornehme kniende Figur arbeitete.

Rechts befindet sich die Grabnische des Kardinals Miguel García Cuesta (†1873) von dem compostelanischen Bildhauer Cisneros.

Links: *Christus von Burgos.*
Die betende Statue von Pedro Carrillo.

Türen und Abstieg zur Krypta des Säulenhofs der Glorie (22)

In dem vorletzten Joch der Seitenschiffe münden die Zugangstreppen zu der "unteren Kirche".

Das Portal des südlichen Schiffes (rechts) war zusätzlich Eingang zur Kapelle der Reliquien (alter Kapitelsaal) und gehörte somit zu den Renaissance-Werken des Kreuzgangs, wie es Juan de Alava im ersten Drittel des 16. Jahrh. vorsah.

Das nördliche Portal von der Mitte des 18. Jahrh. ist Simón Rodríguez zuzuschreiben. Es ist von spektakulärer Komposition, in der Elemente von Renaissance und Barock-Verwurzelung, wie Platten und Voluten, miteinander kombiniert werden. Er schließt es mit einem Giebel gebrochener Silhouette ab, in dem er mit dem romanischen Schachbrettfries spielt und ein Weihkreuz unterbringt, um in Voluten, Fialen und einem Engel, der eine von Akanthusblättern umhüllte Jakobsmuschel hält, oben zu enden. Dieses Portal zeigt sehr deutlich die compostelanische stilistische Kreuzung, die das Alte mit dem Neuen verbindet, eine Kunst, in der Simón ein Meister war.

Barocke Abstiegstür zu der Krypta des Säulenhofs der Glorie.

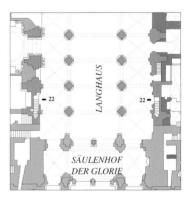

Der Säulenhof der Glorie

*Die untergehende Sonne, tritt durch die Kirchenfenster
der Einsamkeit, wirft ruhige
Strahlen, die farblos fließen
zum Ruhme der Engel und des Ewigen Vaters
Heilige und Apostel, kommt!, scheint,
daß die Lippen sich bewegen, daß sie sprechen, verbleibend
die einen mit den anderen, und in der Höhe
des Himmels die Musik wird beginnen,
denn die ruhmreichen Konzertspieler
stimmen die Töne der Instrumente.*

(Rosalía de Castro)

1168 zahlte König Ferdinand II. Meister Mateo eine bedeutende jährliche Pension, damit er die Kathedrale beende, was ein umfangreiches Unternehmen war und durch den Höhenunterschied des Geländes noch erschwert wurde. Die Geldgabe war außerordentlich hoch und zeigt den Wert des Künstlers, über dessen Herkunft und Bildungsweg verschiedene Meinungen herrschen, obwohl alle seine ausführliche Sachkenntnis anerkennen. Er leitete eine sehr aktive Werkstatt, die von großer Bedeutung war.

DIE BEENDIGUNG DER SCHIFFE:

Der Bau der Kirchenschiffe dauerte so lange, daß sie noch nicht beendet waren, als Meister Mateo die Arbeit übernahm. Er respektierte ihre architektonische Gliederung. Nur bei den Kapitellen der letzten zwei Pfeiler und bei denen von drei Jochen des Triforiums kann man die Tätigkeit seiner Werkstatt erkennen. Es überwiegen die pflanzlichen Motive, obwohl sich die figürlichen, mit menschlichen und vor allem tierischen Darstellungen, als auffälliger erweisen.

DER SÄULENHOF DER GLORIE:

Das Hauptportal schließt im Westen die Schiffe der Kathedrale. In ihm sind französische, italienische und hispanische Einflüsse miteinander vereint. In den Türstürzen seines Tympanons kann man lesen, daß sie von Meister Mateo am 1. April 1188 errichtet wurden. In seiner Bauart werden neue Elemente und Lösungen eingeführt, wie die von den übrigen des Gebäudes verschiedenen Pfeiler, Spitzbögen, Kreuzrippengewölbe und eine intensiveres Licht. Außerdem ändert er die Konzeption und Formen seiner Skulpturen, die bis auf das letzte Detail naturalistisch sind. Es ist daher ein protogotisches Werk.

Anmerkung: *Bezeichnung der Figuren des Hauptportals in der Umschlagseite.*

Dieses herrliche Gefüge wurde von Meister Mateo erdacht und teilweise auch ausgeführt. Man schreibt ihm Figuren, wie die Musikergreise des mittleren Bogens, den Christus im Zentrum des Tympanons, den hl. Jakobus des Trumeaupfeilers, die aus Moses, Jesaia, Daniel und Jeremia bestehende Gruppe und noch einige mehr, zu. Ein so gewaltiges Werk bedurfte jedoch mehrerer Meister, deren Namen unbekannt sind. Professor Otero hat sich genau mit ihnen befaßt: einer der Meister ist von den anderen unterscheidbar, da seine Skulpturen eine gewisse Grobheit zeigen und ihre Gewänder weniger fließend sind, wie z.B. die Evangelisten, die Engel des Tympanons, die Gruppen der Seligen, Figuren des linken Bogens oder der berühmte kniende "Santo dos Croques" auf der anderen Seite des Trumeaupfeilers. Andere Bildhauer haben wohl die übrigen Säulenstatuen, die Figuren auf der Rückseite des Obradoiro Portals, Kapitelle, Säulen, usw. ausgeführt.

Das Tympanon, das mehr mit den französischen als den hispanischen vergleichbar ist, besteht aus mit Reliefen versehenen Steinplatten, die später in ihm eingefügt wurden. Die Farben verschönerten

---

Oben: *Ungeheuer auf den Säulenbasen.*

Unten und rechts: *Basis und Trumeaupfeiler mit menschlicher -auf dem Schaft- und göttlicher -auf dem Kapitell- Genealogie Christi.*

SÄULENHOF DER GLORIE

OBRADOIRO FASSADE

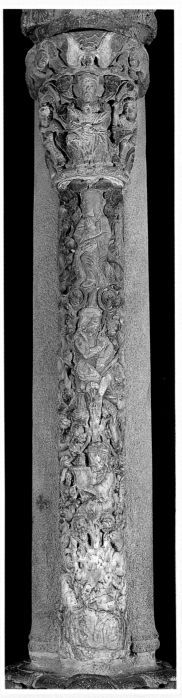

das Gefüge noch und mußten im Laufe der Jahrhunderte immer wieder nachgemalt oder ausgebessert werden.

Die Säulenbasen sind mit Motiven aus der Fauna, oft Phantasiewesen und Kampfszenen, geschmückt. In dem Trumeaupfeiler öffnet ein Mann, der anscheinend Adam oder Samson darstellt, die Schlünde zweier Löwen. Im Vergleich zu dem Motivreichtum von ihnen sind die Schäfte, bis auf die aus Marmor, schlicht. So kann man auf dem, der sich links im mittleren Bogen befindet, die Opferung Isaaks sehen und auf dem rechts die Auferstehung. Ein dritter, unter dem linken Bogen, zeigt zusätzlich zu den Pflanzenmotiven, Tiere, Zentauren und Soldaten. Die Kapitelle sind mit Pflanzenverzierungen oder einander gegenübergestellten Tieren versehen, die sich an

denen der Säulenstatuen wiederholen. So wie die Obersimse befolgen auch sie typisch romanische Richtlinien.

Eine besondere Erwähnung gebührt der mittleren Säule des Trumeaupfeilers, die auch aus Marmor ist und die Wurzel Jesse darstellt. Diese menschliche Genealogie Christi, unter dessen Vorfahren man leicht David und Maria ausmachen kann, wird mit der göttlichen, im Kapitell der Dreifaltigkeit, mit dem sie abschließt, vervollständigt. Über ihm erhebt sich die prächtige sitzende Figur des Apostels Jakobus. Sein nachdenklicher Kopf wird von einer nachgemachten Aureole aus Bronze mit Glaseinlagen, einzigartig in dem Hauptportal, umgeben. Mit der rechten Hand hält er eine Schriftrolle, auf der stand: "Der Herr hat mich gesendet"; die andere ruht auf einem tauförmigen Stab.

In dem Kapitell wird von den Verlockungen Christi, begleitet von Bibelsprüchen, berichtet.

Die Säulenstatuen stellen Propheten, Apostel und andere Personen des Alten Testament dar, die nicht immer erkennbar sind, da den meisten Identifikationszeichen fehlen. Die bekanntesten sind die des mittleren Bogens, da zwischen ihnen eine ideologische Verwandtschaft besteht. Es sind Moses und Petrus, Häupter ihrer jeweiligen Kirchen; Jesaia und der hl. Paulus; Daniel und Jakobus; und Jeremia und Johannes. Die Inspiration der Gesichter der Apostel an denen der Propheten und die unterschiedliche Fertigung der Gewänder beider Gruppen ist offensichtlich.

Ein eindrucksvoller sitzender Christus, der seine Wundmale zeigt, thront in dem Tympanon. Hinter seinem gekrönten und verklärten Kopf erscheinen Engel mit Weihrauchkesseln. Die vier mit ihren jeweiligen Zeichen versehenen Evangelisten flankieren ihn. Die apokalyptische Vision fährt mit den, die Instrumente der Passion tragenden Engeln fort. Über ihnen ordnen sich die Chöre der Seligen an. In dem Bogen sitzen paarweise die 24 Ältesten mit Duftphiolen und Musikinstrumenten. Die Darstellung dieser ist so genau, daß man sie nachgebaut und in Konzerten gespielt hat. Zwischen dem Tympanon und den seitlichen Bögen helfen einige Engel den Erlösten, über die Himmelsschwelle zu schreiten. So verleihen sie dem Ganzen eine konzeptionale Einheit. Andere Engel und Seraphen in Verehrungshaltung auf der Rückseite verleihen dem Raum des Hauptportals seine Einzigartigkeit.

Propheten (links) *und Apostel in dem Säulenhof* (rechts).

Die Figuren der linken Archivolte haben viel Kopfzerbrechen verursacht. Auf dem größeren Bogen umgibt ein grober Rundstab einige Personen mit langen, nicht epigraphischen Schriftrollen. Sie verkörpern zehn durch das mosaische Gesetz gebundene Volksstämme Israels. Die anderen beiden befinden sich, zusammen mit Adam und Eva und verschiedenen biblischen Personen, zwischen den Flügeln der kleineren Archivolte, der Christus vorsteht. Es wird sein Abstieg in die Vorhölle dargestellt. Diese Art Jüngstes Gericht für das von Gott auserwählte Volk wird gewissermaßen mit dem der rechten Archivolten vervollständigt. Auf den Schlußsteinen sind die Köpfe von Christus und dem hl. Michael. Rechts von ihnen zeigen sich die Seligen, die von Engeln zur Himmelspforte geführt werden und links von ihnen die Verdammten, die je nach ihren Lastern und Sünden von Schlangen und wunderlichen Dämonen gepeinigt werden. Vier Engel mit großen Trompeten befinden sich an den Enden des Gefüges.

Die apokalyptische Vision des Säulenhofs der Glorie gipfelt in der Empore, die bis über die Bedachung der Kathedrale ragt. In dem Schlußstein ihres Gewölbes kann man ein "Agnus Dei"

sehen, das Licht, das das himmlische Jerusalem erleuchtet. Die Rippen erheben sich über Weihrauchkessel tragenden Engeln und sind mit Rosetten bestückt. Man verlor die westliche Rippe, als der Obradoiro Spiegel erbaut wurde. Das Licht, daß durch ihn hineindrang, gelangte durch ein Rundfenster und Dreipaßfenster, die es über den Bögen des Triforiums gab, in das Kirchenschiff.

Der Säulenhof der Glorie wurde von einer Außenfassade ergänzt, die man durch alte Zeichnungen, Überreste und Studien kennt. Um die Obradoiro Fassade zu errichten, die sie ersetzte, wurden die architektonischen Lösungen, die das Gewölbe stützen, respektiert. Deswegen sind noch einige Figuren der Rückseite den Portals erhalten. Andere, die von der zerstörten Teilen stammen, befinden sich in Museen oder bei privaten Sammlern, und zwei auf dem Geländer der Obradoiro Fassade. Reste von Bögen und anderen Bauteilen kann man in dem Museum der Kathedrale sehen. An den Seiten der Fassade erhoben sich zwei viereckige Türme, die den Obradoiro Türmen als Basis gedient haben.

Links: *Engel, die das Kreuz tragen; Ausschnitt aus dem Tympanon.*

Tympanon mit der apokalyptischen Vision und sitzende Statue des Apostels Jakobus am Trumeaupfeiler.

Die Vorschatzkammer (23)

Über eine Tür des 17. Jahrh. gelangt man in einige Räume, die längs dem neuen Kreuzgang von Alava angeordnet sind.

Man betritt einen Vorraum mit niedrigem geripptem Gewölbe, in dem die Grabplatte von Theodomir, dem Entdecker des Apostelgrabs im 9. Jahrh., aufbewahrt wird: "In diesem Grabmal ruht der Diener Gottes, Theodomir; Bischof von Iria Flavia; der an den XIII. Kalenden des Novembers der Ära DCCCLXXXV starb" (20. Oktober 847).

Die zwei Bilder: "Ecce Homo" und "Schmerzensmutter" von Juan José Cancela aus dem 19. Jahrh. gehörten zum Raum hinter dem Altar des Chores der Kathedrale. Es gibt zwei Gedenkinschriften: von dem Aufenthalt Papst Johannes XXIII. in Compostela und von Thomas Valois, der Bischof von Cashel (Irland) war und 1654 verbannt wurde. Außerdem kann man hier ein Gemälde von St. Félix de Cantalicio, von der Schule des Murillo, sehen.

Das Reliquienretabel der Kathedrale in der Reliquienkapelle.

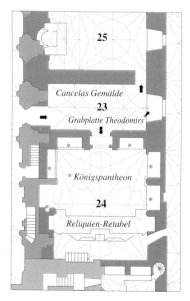

Die Kapelle der Reliquien und Königspantheon (24)

Es handelt sich um einen hohen Raum mit einem gemischtliniegem Bogen als Tür salmantinischer Herkunft und mit wunderschönem, durchbrochenem Gewölbe, das mit der burgischen Spätgotik in Verbindung gebracht wird, und mit Flachrippen, die sich auf Kragsteine stützen.

Das heutige Retabel aus kubanischem Zedernholz ist ein Geschenk der ausgewanderten Galicier. Es wurde von Rafael de la Torre entworfen und von Maximino Magariños 1924 ausgeführt. Sie ersetzte das manieristische Retabel von Bernardo Cabrera und Gregorio Español aus dem Jahre 1630, das am 2. Mai 1921 verbrannte. Von ihm sind noch wichtige Reste erhalten: die Tugenden der Stärke und der Mäßigkeit in ihren alten Mauernischen. (Im Museum: die ersten gewundenen Säulen Spaniens, Tafelflächen mit dem Leben des Apostels und Tugenden).

Das Königspantheon: Es wurde im Stil des 17. Jahrh. erbaut. Die königlichen Sarkophage aus dem Mittelalter wurden 1535 von ihrem früheren Platz verlegt. Die Geschichte des compostelanischen Pantheons ist mit dem Bau der romanischen Basilika verknüpft. Es ist eine schöne Ansammlung von Grabsteinen, angeführt von dem Ferdinands II. (†1188). Wegen seines Mäzenatentums stand er in enger Verbindung mit Meister Mateo und seinen Schaffen. Aus seiner Werkstatt stammt die liegende Königsfigur. Eine Neuheit war, ihn wie in angenehmem Schlaf versunken darzustellen. Dies diente den anderen beiden männlichen und schon gotischen Grabstätten als Vorbild. Es handelt sich dabei um die von Alfons IX. (†1230), der die Weihung der Kathedrale 1211 förderte, und von Raymond de Bourgogne (†1107). Auch die Statue von Doña Berenguela (†1149), der schönen Frau Alfons' VII. ist von Anfang des 13. Jahrh.

Der Sarkophag von Doña Juana de Castro, der Frau von Peter I. dem Gerech-

tigkeitsliebenden, ist aus dem letzten Drittel des 14. Jahrh.

Der Graf von Traba, Don Pedro Froilaz, leistet ihnen in einem Sarkophag aus dem 12. Jahrh. Gesellschaft. Seine liegende Figur wurde 1926, im Einklang mit der historisch-künstlerischen Richtung, von Maximino Magariños gearbeitet.

Erstklassige Reliquien und Reliquienschreine machen die compostelanische Sammlung aus. Wir werden nur einige Teile großen historischen und kulturellen Wertes aufzählen: aus dem 11. Jahrh. das "Kreuz der Voluten" und das "Kreuz des Apostels" (auch "de Ordoño II" genannt); das "Kreuz de Carboeiro" oder des Patriarchats von Jerusalem aus dem 12. Jahrh.; "Santiago Coquatriz" von einer Pariser Werkstatt des 13.-14. Jahrh. und der "Caput Argenteum", ein Reliquienschrein des Kopfes von dem hl. Jakobus Alfäus aus

getriebenem Silber, vergoldet und emailliert und mit Edelsteinen, Kameen und klassischen Holzschnitzereien. Er wurde 1322 in einer compostelanischen Werkstatt geschaffen. Ebenfalls erwähnenswert sind die "Compostelanische Sammlung" von Lope de Mendoza aus dem 15. Jahrh. und der Reliquienschrein der "Heiligen Paulina" von Jorge Cedeira, "O Vello" (der Alte), aus dem 16. Jahrh.

Herausragend sind auch Emailarbeiten, wie der "Buchdeckel des Evangeliariums" des 12. Jahrh., Elfenbeinobjekte, mit der hl. Jungfrau mit dem Jesuskind des 13. Jahrh. und Jettobjekte, mit der "Heilige Klara" des 15. Jahrh.

Oben: *Reliquienstatue der hl. Therese und der Christus aus Elfenbein (17. Jahrh.).*
Unten: *Die liegende Statue Ferdinands II.*
Rechts: *Gewölbe mit durchbrochenen Gewölbekappen und Reliquienbüste des hl. Jakobus Alfäus.*

Die Schatzkammer (25)

Sie stellt das dar, was der mittelalterliche Schatz vom 9. bis 16. Jahrh. war. Es ist eine Kapelle, die seit dem 17. Jahrh. dem hl. Ferdinand gewidmet ist. Ihr Grundriß ist rechteckig, mit Kreuzrippengewölbe auf Kragsteinen, geteilt durch einen Bogen, so daß sich ein Schiff und eine Stirnseite mit Mauernische bildet.

In den Lünetten kann man Wandmalereien von Pedro Noble aus dem Jahre 1536 sehen: die Christi und die Mariä Himmelfahrt.

Das kleine Renaissance-Retabel der Reliquien ist von Cornielis von Holland.

Es werden bedeutende Sammlungen von heiligen Gefäßen, Kreuzen, Tabletts und anderen Objekten, Repräsentanten der Geschichte der Goldschmiedekunst, ausgestellt.

Eine besondere Erwähnung verdient die Prozessionsmonstranz von Antonio de Arfe. Der Hostienkelch, von Ende des 17. Jahrh., stammt von Juan Posse und die Monstranz, von Anfang des 18. Jahrh., von Juan de Figueroa. Sehr bemerkenswert ist auch der Kelch des Erzbischofs Múzquiz. Es ist ein Madrider Stück aus dem 19. Jahrh. von Lucas de Foro.

Links: Prozessionsmonstranz von Antonio de Arfe.

Das Gewölbe der Schatzkammer.

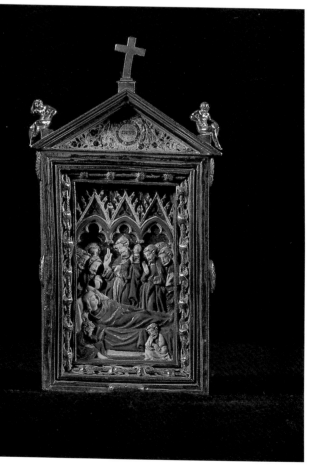

Die Orgeln (26)

Sie befinden sich in den letzten Jochen des Schiffes und verleihen ihm einen prunkvollen Charakter. Ihre Konzeption und Verzierung bringen sie mit Andrade in Verbindung. Sie wurden zwischen 1705 und 1713 von Miguel de Romay und Antonio Alfonsín erbaut. Sie weisen auf die Stelle des Chores der Kathedrale hin, wo sich zu der Zeit des Gelmírez und Meisters Mateo der steinerne (im Museum) und seit dem Ende des 16. Jahrh. der hölzerne Chor befand, der ein Werk von Juan da Vila und Gregorio Español war und 1945 demontiert wurde. (In Sobrado de los Monjes. Coruña).

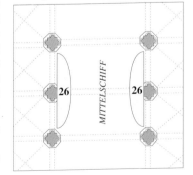

Vorherige Doppelseite:

Links: *Kelch aus der Spende des Herzogspaars von Montpensier. Jakobsmuschel aus Silber.*

Rechts: *Mexikanischer Meßkännchensatz. Englische Paxtafel aus mehrfarbigem Alabaster.*

Die Vierung:

Das Langhaus und Querhaus treffen sich in der Vierung, die von einem Kuppelgewölbe gekrönt wird. Die kräftigen Pfeiler stützen die vier Bögen über denen sich die Trompen bilden, die zu der achteckigen Kuppel überführen. Die Trompeterengel und die Wappen von Don Lope de Mendoza deuten auf den Übergang von dem romanischen zu dem gotischen Bauwerk hin. In diesem Stil wurde das Kuppelgewölbe erbaut, das sicherlich das romanische ersetzte. Es wurde 1384 begonnen und ist ein Werk von Sancho Martís.

Die Säulen in den Winkeln des Achtecks stützen schlanke Rippen, die sich in dem zentralen Schlußstein treffen, um das Kuppelgewölbe mit Gewölbekappe aus tiefen, in Achtel geteilten Sektoren, zu bedecken. Aus einer Höhe von 32 Metern durchfluten seine großen Fenster die Basilika mit Licht, was die klassische Schönheit ihrer Bauart noch hervorhebt.

Während der barocken Umbauarbeiten wurden die Fenster verändert und eine von Atlanten gehaltene Balustrade geschaffen.

Links: *Die barocken Orgeln.*

Vierung, Zentralraum und Kuppelgewölbe.

Der "Botafumeiro":

Das erste Mal wurde dieser Weihrauchkessel 1322 erwähnt und zwar in Zusammenhang mit dem Reliquienschrein des Kopfes des hl. Jakobus Alfäus, der, gemäß einer Randbemerkung im "Codex Calixtinus", während der mitraischen Prozessionen getragen wurde. Das mittelalterliche System, den "Botafumeiro" durch die Schiffe des Querhauses zu pendeln, wurde Ende des 16. Jahrh. durch die gegenwärtige Vorrichtung ersetzt. Sie wurde von dem Künstler Juan Bautista Celma aus Aragón entworfen und von den "Herrerías de Vizcaya" ausgeführt. Eine Spule, die abwechselnd in beide Richtungen rollt, ist zwischen zwei sich kreuzenden Bögen angebracht. Der "Turibulum magnum" (König der Weihrauchkessel) wird von acht "tiraboleiros" über einen dicken Strick in Bewegung gesetzt. Der "Botafumeiro" befindet sich im Museum der Kathedrale. Vom Strick hängt die "Artischocke".

Der Reliquienschrein mit dem Stab des hl. Jakobus (27)

Er befindet sich in dem südlichen Pfeiler der Vierung und ist eine Säule aus Bronze (228 cm hoch) von Ende des 12. Jahrh. Ihr Schaft ist gewunden, und sie bildet sich aus einfachen Bändern und einem breiten Streifen mit Perlen und Rollwerk. Sie wird mit den Säulen des Säulenhofs der Glorie in Verbindung gebracht.

Sie könnte eine Säule eines Ziboriums gewesen sein, die dazu genutzt wurde, den Stab aus Eisen aufzubewahren, den die Überlieferung dem hl. Jakobus zuspricht. Auch der Pilgerstab von St. Franco de Sena, der im 13. Jahrh. während seiner Pilgerfahrt nach Compostela sein Sehvermögen wiedergewonnen hatte, wird darin bewahrt. Die Statue des Apostels als Pilger, die sie krönt, ist aus dem 16. Jahrh. Es war die Besuchsstätte der Pilger.

Links: *Der von den "tiraboleiros" bewegte "Botafu-meiro", der bis in die Mittelschiffgewölbe des Querhauses hineinschwenkt.*

Eine der reichverzierten Kanzeln.

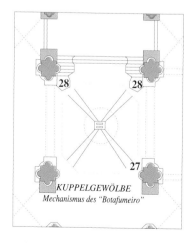

28 **28**

27

KUPPELGEWÖLBE
Mechanismus des "Botafumeiro"

Die Kanzeln (28)

Sie flankieren den Altarraum und wurden von Juan Bautista Celma (1578) aus Bronze gefertigt. Ein Kanzelfuß aus drei Atlanten stützt die Basis mit Sirenen. Die Balustrade mit kleinen Atlanten verfügt über ein Fries mit Aposteln und Propheten, die jakobäische Szenen flankieren. Bei der linken Kanzel handelt es sich um Nachbildungen der Reliefe der Monstranz von Antonio de Arfe (im Kathedralenmuseum) und bei der rechten um originale Reliefe von Celma über die Schlacht von Clavijo und das Tribut der 100 Jungfrauen.

Die Schalldeckel wurden von Miguel de Romay (1714) geschaffen.

Die Almosenstöcke (29)

Die sitzenden Statuen aus mehrfarbigem Granit lehnen an den Pfeilern des Altarraums. Die linke Figur ist der hl. Jakobus Alfäus von 1393, die stark an die Schule Meister Mateos erinnert. Auf seiner Rollschrift steht: "Ecce arca Hóperis Beati Iacobi Apóstoli", in mittelalterlicher Erinnerung an die Almosentruhe für die Erbauung der Basilika. Die rechte Figur ist die hl. Maria Salome, Mutter der Zebedäer, dem hl. Jakobus und dem hl. Johannes. Sie wurde im 16. Jahrh. gefertigt, so wie auch die Almosenbüchsen.

Der hl. Jakobus Alfäus und die hl. Maria Salome, die beiden Almosenbitter aus mehrfarbigem Stein.

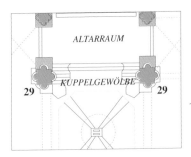

Der Altarraum:

Den Höhepunkt der Basilika bildet der Altarraum. Seine romanische Struktur ist noch erhalten, obwohl große Veränderungen an seiner Ausschmückung vorgenommen wurden.

Die Aufteilung seiner Flächen auf abgestaffelten Höhen wird durch das Mausoleum des Apostels unter ihm verursacht, das bei der inneren Treppe beginnt und unter der ganzen oberen Fläche liegt. Das Mausoleum ragte bis auf die Höhe des heutigen Altarhimmels empor. 1106 durch Erzbischof Gelmírez zerstört, wurde er durch einen silbernen, romanischen ersetzt: Ziborium, Altar und Retabel über dem jakobäischen Grab, was, bis das aktuelle barocke Werk in der zweiten Hälfte des 17. Jahrh. geschaffen wurde, dort andauerte.

Die harmonische, romanische Bauweise wird durch eine doppelte Reihe übereinander liegender Arkaden erreicht, die zum Chorumgang und dem Triforium hin geöffnet sind. Es ist eine durchbrochene Bauweise, durch die reichlich Licht hineinströmte. Die Pilger konnten das Grab von dem Chorumgang aus besuchen und dort Wache halten. Im Hintergrund befindet sich die "confessio" von Gelmírez, eine versteckte Beichtnische. Sie belegt den halbrunden Hinteraltarraum, in dem der Boden niedriger wird, da er nicht durch das romanische Mausoleum berührt wird.

An die romanische Kathedrale fügten sich mit der Zeit neue Konstruktionen, die den einheitlichen Anblick ihrer Bauweise und ihren Charme zerstörte. Der Neuzeit fehlte es nicht an einem tüchtigen Mann, der ein weitläufiges Umgestaltungsprogramm, gemäß den neuen Zeiten, durchführte: der berühmte Kanoniker Vega y Verdugo, der den Barock nach Compostela brachte, wo er eigentümliche Wesenszüge annahm. Zusammen mit seinem "Informe", in dem er seine Gedanken über die jakobäische Basilika niederlegte, bildete Vega y Verdugo die Schule, die er sein Programm zwischen 1657 und 1751 entfalten und entwickeln sah. Dabei schaffte er eine Bauart innerhalb einer anderen Bauart und die stilistischen Kreuzungen, in dem er das Neue in das Alte fügte und dieses in jenem aufnahm. Dieser Gesichtspunkt ist wichtig, um die compostelanische Basilika zu verstehen. Der Altarraum, Hauptsorge des Domkapitels, fügte sich absichtlich in die Erneuerung der Kathedrale. Zu dem Daseinsgrund der Kirche, dem Apostelgrab und den traditionellen Pilgerfahrten in seinen Jubeljahren, summierte sich die Wiederbelebung des nationalen Schutzpatronats des hl. Jakobus dem Älteren und die Prestigeverleihung der Grabstätte. Dazu kam der wirtschaftliche Aufschwung und das Mäzenatentum der Erzbischöfe, was einen barocken Schwung verursachte, der dem Besucher bei ihrer Betrachtung auf spektakuläre Weise deutlich wird.

Vega y Verdugo räumte den Altarraum völlig aus und senkte noch weiter die Höhe des Mausoleums, wodurch sie eine neue Stirnseite und das Mausoleum eine eigene Formgebung erhielt.

Die Heiligennische steht allein inmitten der Kapelle. Sie krönt das Grab, über dem sie erbaut wurde und auf das sie deutlich hinweist. Ein großer Sockel aus Jaspis, der "Bocelón" (großer Rundstab), der eine kostbare Steintafel, den Zenotaphen, umschließt, stützt sie. Ihm geht ein transparenter Altar voran, damit sie von der Basilika aus gesehen werden konnte (heute durch das silberne Vorderblatt verdeckt und nur vom Chorumgang aus sichtbar).

Über den Chorumgang gelangt man zu dem Tempelchen, in dem sich die verehrungswürdige, sitzende Figur aus der Werkstatt Meister Mateos befindet, die der Basilika seit ihrer Weihung 1211 vorsteht. Sie ist seit dem 16. Jahrh. als Pilger gekleidet und hält eine Rollschrift mit der Legende: "Hic est corpus divi Iacobi Apostoli et Hispaniarum Patroni". Die Lampe wurde

1512 von dem Gran Capitán Gonzalo Fernández de Córdoba geschenkt. Die vier Votivleuchter vor der Figur stammen von Alfons XI. in Erinnerung an die Schlacht des Salado (1340).

Die Heiligennische wird von dem Apostel-Pilger gekrönt, der von den Königen Alfonso II., Ramiro II., Ferdinand II. und Philipp IV. umgeben wird, was die königliche Schutzherrschaft hervorhebt. Sie sind ein Werk von Pedro del Valle, wie auch das Retabel von der Rückseite der Heiligenni-

sche, das das Leben des hl. Jakobus illustriert.

Auf Grund der Großzügigkeit Erzbischof Monroys wurde die Heiligennische Ende des 17. Jahrh. mit dem barocken Silbergehäuse bereichert, das von Meister Fra Gabriel de las Casas entworfen und von dem Goldschmied Juan de Figueroa (1700) gefertigt wurde.

Filigranartige Wandpfeiler mit Platten,

Altarraum und barocker Altarhimmel (links). Die steinerne Figur des hl. Jakobus.

Engeln und Laubverzierung flankieren das Tempelchen, in dem der Apostel mit Pilgermantel und Pilgerstab auf einem silbernen Stuhl sitzt. Das Ganze schließt mit einer außergewöhnlichen Ruhmesbrosche mit der Figur des Gottvaters zwischen Wolken, gehalten von Seraphen und verehrt von Cheruben, ab.

Auf dem Altar befindet sich die herrliche Einheit des Tabernakels und des Ostensoriums mit gewundenen kleinen Säulen mit eucharistischen Weinreben. Es begleiten sie die Figuren des hl. Petrus und hl. Paulus, die Kirchendoktoren und die Allegorien des Glaubens und der Hoffnung. In ihrem Inneren befindet sich eine Statue der Unbefleckten hl. Jungfrau, die in Zusammenarbeit des Bildhauers Manuel de Prado y Mariño und dem Goldschmied Jacobo Pecul entstanden ist. Das Vorderblatt ist ein Werk des Compostelaners Antonio de Montaos. Die Rokoko-Gitter von Angel Piedra (1765) vervollständigen das Gefüge. Die Lampe im Zentrum und die Kronleuchter, die in Rom von dem französischen Goldschmied Louis Baladier gefertigt wurden, sind eine Schenkung des Ordensmagisters Diego Juan de Ulloa.

Der meisterhaft gearbeitete Altarhimmel wurde von Antonio de Andrade entworfen, der die Ideen und Zeichnungen von Vega y Verdugo verwirklichte. Acht Engel halten den getäfelten Aufsatz, der aus drei übereinandergesetzten Körpern besteht, in denen das Schutzpatronat des Apostels symbolisiert wird. In dem ersten Körper befindet sich das königliche Wappen, begleitet von den Kardinal-Tugenden. In dem mittleren Körper kann man das Erscheinen des hl. Jakobus bei der Schlacht von Clavijo sehen. Es ist ein Werk von Mateo de Prado. Er schließt mit der von Engeln getragenen Truhe und dem Stern ab, was die Glorifizierung des Grabes unter dem blauen Himmel der Gewölbe repräsentiert.

Durch die Verkleidung der Pfeiler und Säulen der Kapelle mit gewundenen Säulen auf Sockeln aus Jaspis wird die Ausschmückung vervollständigt.

Oben: "Umarmungsansicht" des Apostels.

Unten: Treppe zur Heiligennische des Apostels.

Nächste Seite:

Taufbecken (links), Clavijo-Tympanon (rechts).

PLATERIAS QUERARM

Von dem Platerías Querarm aus hat man eine neue Perspektive der Schiffe des Querhauses. Mit einem erneuten Rundgang schließt man den Besuch der Basilika ab:

Die Grabstätte von J. Beltrán de Guevara (30)

In dem östlichen Schiff befindet sich das Mausoleum des Erzbischofs Juan Beltrán de Guevara (†1622), das von Bartolomé Fernández Lechuga geschaffen wurde.

Das Gitter in dem Boden führt zu einem Abstieg zu den Ausgrabungen mit Resten aus der Römerzeit und der Basilika von Alfons III.

Portal und Zugang zu dem Königsportal des Quintana Platzes (31)

Es besetzt den Platz der romanischen, dem hl. Johannes d.T. gewidmeten Apsis und wurde von Antonio de Andrade 1657 entworfen.

Das Taufbecken (32)

Die Anordnung der romanischen Strukturen schafft einen verborgenen Winkel, in dem das Taufbecken steht, das aus dem 9. Jahrh. und somit vorromanisch ist. Aus ihm trank das Pferd von Al-Mansur, während seines Raubzugs 997.

In dem gegenüberliegenden Winkel befindet sich der Zugang zu der Kleiderkammer mit den Ornaten (barockes Portal).

Die Grabstätte von Martín López (33)

An der Mauer liegt die Grabstätte des Kanoniker-Kardinals Martín López (†1477) mit einer schönen liegenden Statue von dem Ende der Gotik.

Das Clavijo-Tympanon (33)

Das in die Mauer gefügte Clavijo-Tympanon stammt sicherlich von dem gotischen Kreuzgang des 13. Jahrh. Die Archivolte ist mit Engeln unter Bögen versehen, die sich an Modellen Meister Mateos inspiriert haben. In dem Tympanon wird der hl. Jakobus als Ritter, mit Schwert und Fahne mit der Inschrift: "Sancti Iacobi Apóstulus Christi", dargestellt. Ihn umgeben einige Frauen, die auf das Tribut der 100 Jungfrauen hindeuten.

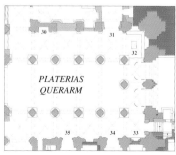

Der Kreuzgang und seine Portale

Der schöne Kreuzgang aus dem 13. Jahrh. wurde durch einen kriegerischen Einschlag des galicischen Adels, des compostelanischen Bürgertums und der Erzbischöfe von Santiago während des Mittelalters zerstört. Zusammen mit dem Mangel an Räumlichkeiten ließ das den Bau eines neuen Kreuzgangs ratsam werden. Diese Entscheidung wurde von dem Mäzen-Bischof Alonso de Fonseca III. getroffen. Das Bauwerk wurde 1521 begonnen und 1590 fertiggestellt. Der Entwurf stammte von Juan de Alava, der die Arbeiten bis zu seinem Tod (†1537) leitete und eine künstlerische Verbindung zwischen Compostela und der Stadt des Pisuerga schaffte. Das Werk wurde von Rodrigo Gil de Hontañón fortgeführt.

Dieser Kreuzgang gehört zu den bedeutendsten Spaniens. Seine weiten Gänge sind 34 m lang und 6 m breit. An sie fügen sich andere Räumlichkeiten, wie im Norden die Vorsakristei und Sakristei, die Schatzkammer, die Reliquienkapelle und die Kapelle des Morgengrauens und im Osten der Vorraum des Kreuzgangs, die Kapelle der Seelen und der Umkleideraum der Kanoniker. Im zweiten Geschoß befindet sich die Galerienloggia mit der Kleiderkammer und ihrem Turm. In der südwestlichen Ecke liegt der Turm des Archivs.

Der Kreuzgang und seine schmückenden Darstellungen verfügen über eine symbolische Gestaltung, bei denen es sich nur um das Eine handelt: der Widmung der hl. Jungfrau Maria. Das Gebäude in sich ist wie ein "Hortus conclusus", ein verschlossener Garten, was sich auf die Jungfräulichkeit bezieht.

Teilansicht der Arkaden des Kreuzgangs und des plateresken Frieses.

Nächste Doppelseite:

Renaissance-Portale des Kreuzgangs (links) und der Sakristei (rechts).

Außen, an der Schatzfassade, werden in der Medaillonreihe oben die Genealogien Jesu gemäß dem Matthäusevangelium dargestellt und von dem Medaillon der hl. Jungfrau mit dem Jesuskind angeführt. Der dicke Turm mit den Medaillons der Oberhäupter von Israel ist der Turm von David, in marianischer Beziehung.

Die Portale des Kreuzgangs und der Sakristei (34-35)

Sie wurden innerhalb des Kreuzgangprojekts als Zugänge von der Basilika aus entworfen und sind wesentlich, um sein ikonographisches Programm zu verstehen.

Die zwei prächtigen, gleich strukturierten Portale passen sich den senkrechten Zwischenräumen der romanischen Joche an. Die ausgeglichene und perfekt geometrische Aufteilung ihrer rechteckigen Flächen bilden Triumphbögen. Es sind Retabel-Portale in striktem Platereskstil mit zierlichen, plastischen Ausschmückungen, die von Meister Arnao, einem Mitarbeiter von Juan de Alava, gearbeitet wurden.

All diese Symbologie führt durch sein Portal in das Innere des Kreuzgangs. In ihm wird die Mariä Verkündigung und die Inkarnation des Sohnes Gottes dargestellt. Der Ewige Vater segnet von dem Giebel aus die Erlösung der Menschen. Alle Gestalten stehen in Verbindung mit dieser Darstellung: Die Schützergreifer, die Adler der Auferstehung und die Schlangen und Delphine, die jeweils die Sünde und die Erlösung symbolisieren, was sich in dem Schmerz der hl. Jungfrau, Mutter der schönen Liebe, auflöst.

In den Medaillons werden die Erzbischöfe Fonseca II. und Fonseca III. dargestellt.

Das Portal der Sakristei verfügt über eine Ikonographie, die von einem zweiten

Bauprogramm stammt und mit dem Zugang der Reliquienkapelle und dem Jakobäischen Schatz in Verbindung steht. In der linken Mauernische steht der Apostel und Pilger Jakobus. Ihn begleitet St. Ildefonso, Schutzheiliger des Mäzen Alonso de Fonseca III. In den Medaillons werden der Mut, in bezug auf den hl. Jakobus und die Weisheit, in bezug auf den Heiligen aus Toledo, aber auch auf Fonseca, dessen Bildung berühmt war, dargestellt. In dem Giebel ist eine Büste des hl. Jakobus, Beschützer aus dem Himmel.

Die Symbologie dieser Fassade steht mit der Platerías Fassade in Verbindung, auf der der hl. Jakobus, seine Wunder und seine Symbole dargestellt sind, sowie auch die Entdecker seines Grabes und die Erbauer-Bischöfe des Kreuzgangs.

Die Vorsakristei wird von einem niedrigen Kreuzrippengewölbe mit Sternen und Jakobsmuscheln verzierten Schlußsteinen überdacht.

Es hängt dort ein Bild des Apostels von Juan Antonio García de Bouzas.

Die Sakristei wird von einem hohen Gewölbe bedeckt. Hier kann man mehrere flandrische Bilder aus dem 18. Jahrh., barocke Gemälde aus dem 17. Jahrh. und neoklassizistische aus dem 19. Jahrh. bewundern.

Der platereske Kreuzgang

Er vereint die gotischen Profile seiner Architektur mit Renaissance-Verzierungen. Die Gänge sind in je fünf Joche unterteilt. Jedes Joch ist außen mit einem Strebepfeiler vielgestaltiger Fialen versehen, der oben in dem Obersims und durchbrochenem Schnörkelwerk abschließt. In seinem Inneren dienen die hohen Kragsteine als Ausgangspunkte für die Rippenbündel der sternförmigen Gewölbe, die mit verschiedenen Schlußsteinen bestückt sind. Ein interessantes Fries, wie ein Werk aus einer Silberschmiede, verläuft innen an den Mauern des ganzen Kreuzgangs. Die in dem Fries behandelten Themen vervollstän-

digen die Symbologie, denn es wird eine Anspielung auf den Triumph der Auferstehung über den Tod gemacht, wodurch der Friedhofscharakter des Platzes angedeutet wird.

Auf dem Friedhof der Kanoniker ruhen berühmte Geistliche, wie Amor Ruibal und López Ferreiro, und es wird eine bedeutende Wappensammlung des galicischen Adels bewahrt.

Man kann außerdem mehrere bronzene Grabsteine von Erzbischöfen des 17. und 18. Jahrh. und Sarkophage von Kanonikern des 14. bis 16. Jahrh. sehen.

Die von dem Uhrturm stammenden Glocken sind aus dem 18. Jahrh. und wurden 1989 ersetzt.

Den "Fons Mirabilis" in dem Hof ließ Gelmírez gegen 1122 erbauen. Er wird von Aymerico Picaud in dem "Codex Calixtinus" beschrieben, der ihn auf dem Vorhof des Paradieses stehen sah.

Der nördliche Gang (unten) und Osten des Kreuzgangs (rechts).

Die Kapelle des Morgengrauens (36)

Sie wurde 1529 von dem Kanoniker Gómez Ballo gegründet und ist das Familienpantheon der Rivero de Aguilar.

Das prächtige Retabel mit der Transfiguration Christi ist aus dem 18. Jahrh. und der Werkstatt von José Gambino zuzuschreiben. Von einem älteren Retabel wurde die Szene des Tabor mit den Heiligen Petrus, Jakobus und Johannes übernommen, die mit Mateo de Prado (17. Jahrh.) in Verbindung gebracht wird.

"Tumbo A", Miniaturbild Ferdinands III. dem Heiligen.

Links: *Neoklassizistisches Retabel der Transfiguration Christi in der Kapelle des Morgengrauens.*

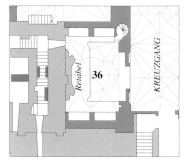

Das Kathedralenarchiv

In der südöstlichen Ecke öffnet sich die Tür des Kapitelarchivs, dessen Säle von barocken kassetierten Gewölben überdeckt sind. Sie wurden im 18. Jahrh. von Lucas Ferro Caaveiro geschaffen.

Hier wird ein umfangreiches Erbe an Schriftstücken aufbewahrt, unter denen die herausragendsten der "Códex Calixtinus" oder das "Liber Sancti Iacobi" von Aymeric Picaud (gegen 1139), die "Compostelanische Geschichte", in der von den Taten Erzbischofs Diego Gelmírez berichtet wird, und das "Tumbo A", das gegen 1129 begonnen wurde, sind.

DIE OBRADOIRO SÄLE

Zu Beginn des 17. Jahrh., bei Beendigung des Kreuzgangs, wurden neue Bauwerke, die sich an den südlichen und westlichen Gang lehnen, unter dem Patrozinium Erzbischofs Juan de Sanclamente y Torquemada in Angriff genommen. Sie wurden von Jácome Fernández entworfen und bilden die große Obradoiro Fassade des Kreuzgangs.

Eine Tür mit dem Wappen von Sanclemente y Torquemada führt zu der Bibliothek, dem Kapitelsaal und Museum. Die ersten zwei Räumlichkeiten wurden bei einem Brand zerstört und von Lucas Ferro Caaveiro 1751 mit Flachgewölben aus Granit wiederaufgebaut.

Die Kapitelbibliothek (37)

Das Gewölbe bildet sich aus einem zentralen Deckengemälde, das von Bogensegmenten gestützt wird, zwischen denen sich Lünetten auf dem Obersims formen, die mit jakobäischen Symbolen geschmückt sind. Die Fresken und Rotstiftzeichnungen mit dem Leben des Apostels sind von Arias Varela (1756).

Die Bücherschränke behüten ein umfangreiches Literaturverzeichnis an Büchern und Inkunabeln.

Das Chorpult ist ein Werk von Juan da Vila und Gregorio Español (17. Jahrh.).

Das Prüfungspult ist von Francisco de Lens (18. Jahrh.).

Der "Botafumeiro" stammt von José Losada (1851). Seine Replik aus Silber ist ein Geschenk von denprovisorischen Fähnrichen der Spanischen Armeen an den Heiligen Apostel.

Der Kapitelsaal (38)

Von Flachgewölbe überdeckt, überrascht seine technische Ostentation und preziöse Ausschmückung, umständlich gemeißelt in den harten Granit. Er wurde von Tomás Aguiar geweißt und bemalt.

Dem Saal steht der Altar vor, dessen Antependium von dem Italiener Sernini und die Figur des hl. Jakobus von José Gambino (1754) stammt. Die Ölgemälde auf Kupfer an den Seiten sind von Juan Antonio García de Bouzas. Auf ihnen werden Szenen des "Weges zum Golgatha" und die "Schlacht von Puente Milvio" dargestellt.

Am anderen Ende des Raumes steht der Vorstandstisch der ein Rokoko-Entwurf von Ferro Caaveiro ist. Der Baldachin ist eine Nachahmung der Vorzeichnungen von Guillermo Anglois und wurde von der Real Fábrica von Santa Barbara 1764 für das Schlafgemach Karls III. gefertigt. Außerdem kann man hier das Bild der "Erscheinungen der Heiligen Jungfrau von Guadalupe" von dem mexikanischen Maler Juan Patricio Morlete von 1769 bewundern und rechts ein Tuch der neapolitanischen Reihe sehen, das von Philipp IV. 1665 geschenkt wurde.

Die prächtigen flandrischen Wandteppiche des 16. Jahrh. stellen das Leben des Escipio dar.

Die Abstimmungskisten mit Einlegearbeiten aus Perlmutt und Elfenbein stammen aus dem 18. Jahrh. und der Ofen mit jakobäischen Symbolen aus dem 17. Jahrh.

Das mit Gemälden und Reliefen verzierte Flachgewölbe aus Granit der Bibliothek (oben) und der Kapitelsaal (unten).

DAS MUSEUM

Die Obradoiro Säle

Saal I: Hier werden die Ergebnisse der archäologischen Ausgrabungen in dem Mausoleum des Apostels und in dem Untergrund der Kathedrale (von 1878-1879 und von 1940-1960) von dem 1. bis 11. Jahrh. ausgestellt.

Zu sehen sind:

-Mehrere römische Meilensteine und Votivaltäre (1.-4. Jahrh.).

-Zeugnisse der Anfänge des Christentums in Galicien: die "Kapitelle von Setecoros" und die "Platten von Carcacía" (4.-6. Jahrh.).

-Archäologische Funde der vorromanischen "Compostelanischen Basiliken" von Alfons II. und Alfons III. (9. Jahrh.).

Saal II: Hier wird die romanische Basilika und die Pilgerkunst in ihrer museistischen Ausdrucksform mit Teilen und Planimetrie behandelt: das Werk von Sant-Iago und seine Bauetappen: 1. Erste Bauetappe: Meister Bernardo "der Ältere" und seine Werkstatt, 1075-1088. 2. Die zweite Etappe: von 1093 bis 1140, Meister Esteban und seine Werkstatt, mit einer Sequenz an interessanten Stücken, wie die Marmorschäfte des Paradieses, die "Tadelung von Adam und Eva", der "Monat Februar" und "Majestas Christi"...

Die "Bucheria"

Saal I. Hier geht es um die letzte Bauetappe der romanischen Kathedrale: Meister Mateo und seine Werkstatt (1160-1211).

1. Erneuerungen an der Westfassade: Bögen, Friesrosetten und Skulpturen.

2. Der steinerne Chor mit der Erneuerung eines Teiles von ihm mit vier Sitzen, sowie andere Strukturen von ihm.

Saal II. Erneuerungen des schönen mittelalterlichen Kreuzgangs.

Saal III. Hier wird das einzigartige Kapitel der gotischen Bildhauerkunst des 13. bis 16. Jahrh. ausgestellt. Am herausragendsten sind das "Goodyear" Retabel, die Gruppe der "Verkündigung" (15. Jahrh.) und die "Drei Generationen" (16. Jahrh.).

Saal IV. Hier kann man Stücke von Juan Bautista Celma, Gregorio Español, Juan da Vila und Bernardo Cabrera als Repräsentanten der Bildschnitzerkunst des 13. bis 18. Jahrh. und Gemälde des 17. und 18. Jahrh. bewundern.

Mönchform mit Engel..

Rechts: *Rosette der ehemaligen Hauptfassade* (oben) *und Fragment der Erneuerung des Schnörkelwerks des steinernen Chores* (unten).

Vorherige Doppelseite:

Links: *Die hl. Jungfrau der Verkündigung, mehrfarbiger Stein.*

Rechts, von oben nach unten: *Das "Goodyear" Retabel. Überführung des Apostelleichnams. Die hl. Anna, die hl. Jungfrau und das Jesuskind. Stück im Mudejarstil.*

Steinernes Tympanon mit dem Einzug in Jerusalem (oben) und von der Kapelle von Doña Leonor (unten).

Rechts: *Eine gotische Mariä Verkündigung in Stein* (oben) und *"Der Traum von dem hl. Josef" in Holz* (unten).

Die Säle der Balkone

Sie befinden sich im letzten Geschoß der Obradoiro Fassade und münden in dem bedeckten Gang des Obradoiro Platzes, von wo aus man auf die Stadt schauen kann.

Saal I. Hier werden mehrere Wandteppiche von Ginés de Aguirre, A. del Castillo und Teniers; gewundene Säulen und Tugenden von Gregorio Español und Bernardo Cabrera (17. Jahrh.) und ein Stander von der "Nao Capitana [Flaggschiff] de Lepanto" (1571), ein Geschenk von Don Juan de Austria an den Apostel, ausgestellt.

Saal II. In ihm werden mehrere Wandteppiche von Rubens und seinem Schüler Van Thulden mit Episoden aus dem Leben von Aquiles gezeigt, die von Juan Raës (Brüssel, 1528) gefertigt wurden.

Saal III. Hier gibt es mehrere Stücke von Teniers mit ländlicher Thematik und Szenen aus dem Familienleben und -festen (Real Fábrica de Tapices, Madrid, 18. Jahrh.) und blaue Wandteppiche, wie "Das Kegelspiel" und "Das Schlachten des Schweins" aus den Werkstätten von Juan de Melter, Lille (Frankreich).

Saal IV. In ihm werden Wandteppiche von A. González Ruíz und Francisco Bayeu aus dem 18. Jahrh. (Real Fábrica de Tapices, Madrid) gezeigt.

Saal V. Hier werden Wandteppiche über Vorzeichnungen von Francisco Goya (Real Fábrica, 1776-1808) und Gemälde von Gregorio Ferro, dem compostelanischen Maler (18. Jahrh.) und Leiter der Real Academia de Pintura von San Fernando (Madrid) ausgestellt.

Oben: *"Die Heilige Familie und die Brotzeit", José del Castillo.*

Rechts: *"Der Blinde mit der Gitarre", Goya.*

Nächste Doppelseite: *"Die Göttin Pan", Rubens.*

Darauffolgende Seite: *"Der Unterschlupf von Tabaco", Goya.*